教師がブラック残業から賢く身を守る方法

西川 純

学陽書房

まえがき

私が本書を出そうと思ったきっかけを最初に書きたいと思います。

私は新潟県の上越市にある上越教育大学に勤めています。地方都市にポツンと設立された教員養成系の単科大学です。教師になろうとする生徒が進学し、同級生、先輩、後輩がすべて教師志望の学生という環境の中で学びます。4年生になれば迷いなく教員採用試験を受けて教師になります。もちろん、教師以外の道を選ぶ学生もいますが、ごく例外的です。私はそのような学生を30年以上教えています。

一昨年度、5人の3年生が私の教えるゼミを希望しました。その中の2人が教員以外の進路を3年生の段階で選択しました。これまでにも私のゼミに教員以外の進路を選ぶ学生はいましたが、ごくまれでした。ところが一度に2人も出たのでビックリしました。そして、昨年度は、5人の3年生が私のゼミを希望しました。今度はその中の3人、つまり半数以上が教員以外の進路を3年生の段階で選択しました。

これは大変な事態だと思いました。私は教師は素晴らしい職業だと思い、教員養成に携われることに誇りを持っています。もちろん、教師以外の道が駄目だとは思いません。どの道にも幸せはあると思っています。しかし、私が勤めているのは教員養成系大学という目的を持った大学です。

教員を志望しない学生に理由を聞くと、第一に挙げる理由は「教師の仕事がブラック勤務だから」という点なのです。彼らは教員の勤務実態をよく知っています。私が教師という職業の素晴らしさを語っても、「結婚した後、伴侶に迷惑をかけられない」と言われると二の句が継げません。実は、教師の過酷さを高校生すらも知っており、そのため教員養成系学部・大学への志望者は減少しているのです。

本書の中でも書きましたが、いまは、教師の大量退職、大量採用の時代です。そして、10年以内に採用者数は急激に減ります。つまり、いま採用している教員が、今後の日本の教育を30年リードし続けるのです。

いまの教師の仕事は法令によって定められているものというより、保護者、地域、そして、教師自身が慣習の中で「教師の仕事」と思いこんでいるものになっています。それは右肩上がりの日本で形作られてきたものです。ところが少子高齢化社会の日本は人口が縮小しつつあり、学校の規模は小さくなり、教職員数もその分絞られてきています。一方、学校の規模が小さくなっても、大きな学校と同じ仕事をしなければなりません。つまり、一人の教師のやらなければならない仕事の量が増えているのです。しかし、徐々に縮小・変化したので、仕組みを変えるきっかけを失い、慣習の中でこれまでの働き方が続いていました。

いま、学校現場は限界を迎えています。教師の現場を知らない大学生、いや、高校生すらもブラックな職場だという共通認識を持つほど労働条件が過酷になっているのです。

制御不能の崩壊は近づいています。いや、始まっているといえるでしょう。改革を急がなければなりません。ぜひ、本書を読んで、改革の第一歩に一緒に歩む人が生まれてほしいと願い、本書を執筆しました。

上越教育大学教職大学院教授
西川　純

教師がブラック残業から賢く身を守る方法●もくじ

第1章 なぜ教師はブラック残業があたりまえなのか

第2章 現場から始まっている先進的な取り組み

第3章 自分でできることを始めよう

第4章 多忙感を解消する究極の冴えたやり方

第1章

なぜ教師はブラック残業があたりまえなのか

なぜいま働き方改革なのか？

日本最大のブラックな職場とは？

日本最大のブラックな職場をご存じですか？　そこには90万人が働いています。多くの人が過労死レベルの残業をしていて、しかも残業代は払われていません。そこには労働基準監督署の調査も入りません。

それは学校なのです。

文部科学省の「教員勤務実態調査（平成28年度）」によれば、**週あたりの勤務時間が60時間以上の教師の割合は小学校で33・5％、中学校で57・6％です。**この週あたりの勤務が60時間以上というのは、換算すると月の残業時間が80時間以上であることを意味しています。**月80時間以上の残業は「過労死ライン」と呼ばれています。**

厚生労働省の過労による労災補償認定における労働時間の評価目安の一つとして、発症前1カ月間でおおむね100時間を超える時間外労働、発症前2～6か月間にわたって平均で月80時間を超える時間外労働が認められる場合は、業務と発症との関連性が強いと評価できるとされているからです。

このような実態に関して近年はたびたびマスコミも報道するようになりました。過労死で亡くなる教師のニュースも流れることは少なくありません。教員を目指すような生徒や学生がそういった情報に敏感になるのは当然です。河合塾が発表した大学入試動向（http://www.keinet.ne.jp/topics/17/20171213.pdf）によれば教員養成学部の不人気が目立ちます。国公立文系学部の中で唯一志願者数が減少しています。平成29年度と平成30年度を比べれば約1割も減少しています。

「昨年は産休代替がいつまでも決まらず、主幹教諭が学年主任と担任を兼務することになった」「美術の代替が決まらず、やっと決まったのが国語の講師だった」というような話を聞くことは珍しくありません。いや、読者のみなさんの学校がそうだったかもしれません。講師登録が減っているために、私のところにも年度末には、「先生のゼミ生で非常勤講師を頼める人はいませんか？」という学校の教頭からの必死なお願いの電話が頻繁に来るようになっています。

どの都道府県でも教員はこの4、5年で大量に退職するため、大量に採用していま す。教員の人気がなくなれば、必然的に人手不足になるか、あるいは資質・能力について従来の基準を満たさない人材でも、とにかく採用せざるをえないという状況も生まれるでしょう。**ここ4、5年の採用の成否が、その人達が退職するまでの、いまから30年、40年先まで、日本の学校教育にずっと影響し続けることになります。**

学校における働き方改革はなぜ始まったか?

いま、教員の働き方改革が始まっています。なぜ、始まったと思いますか?

おそらく、先に述べたような勤務実態の解消のためだと思われたろうと想像します。違います。そんな程度の理由だったら、やったふりで終わります。たとえば、焼け石に水程度に指導員を配当して、「働き方改革をしました」で終わるでしょう。しかし、今回の働き方改革は、日本が生き残るために必要なことだから行われています。

いきなり「日本の生き残り」といわれるとビックリするかも知れません。

平成29年3月28日に「働き方改革実行計画」が決まりました。その中で、日本の抱える構造的な問題は少子高齢化、生産年齢人口減少すなわち人口問題であると述べられています。

平成27年度の国勢調査によれば、年齢15歳から64歳の人口は、昭和60年は８３００万人、平成２年で８６００万人、平成７年で８７００万人と増加しています。ところが平成12年では８６００万人、平成17年では８４００百万人、平成22年は８１００万人、平成27年は７６００万人と減少しています。

貿易立国日本といわれますが実態は違います。ＧＤＰに占める貿易依存度は最近20年においても10％から15％に過ぎません（経済産業省　貿易白書２０１２）。だから、少子高齢化、それによる生産者年齢人口の減少がダイレクトに国の景気に影響を与えます。このような状況で日本の景気をよくするには、人口の増加、つまり子どもを増やす方法しかありません。しかし、時間がかかります。なぜなら、仮にいま子どもが増えても、それが労働力に結びつくのは約20年先だからです。

国勢調査に労働力率という数値があります。労働力率とは、簡単にいえば、働こうとしている人（実際に働いている人と求職している人）の割合です。男性の年齢別の昭和60年と平成27年の労働力率は次頁の上のグラフのとおりです。グラフによると男性の25歳から60歳までは90％以上の人が働こうとしていることがわかります。

一方、下が女性のグラフです。昭和60年では25歳から34歳の労働力率が低いことがわかります。子育て期間だからです。しかし、平成27年になると全般的に率は上がっています。これは、最近の子育て支援の影響だと考えられます。しかし、この期間が他と比べて若干低いことは確かです。また、近年では親の介護理由により働き続けられない場合もあります。

さて、日本の労働力を上げるにはどうしたらいいでしょうか？　男性の場合はこれ以上、上げる余地はありません。したがって、女性の労働力率を上げるしかないのです。つまり、働いている女性が子どもを出産しても、働き続けられる環境の整備が、子どもを増やすことにも、働き手を増やすことにも、大きく影響するのです。

教師の働き方改革とは、労働力の改革でもあり、女性教員が子どもを産み、育て、働き続けられる環境の整備でもあるといえます。そのためには、いまなお女性が家事負担の多くを背負っている現状、そうせざるを得ない、いまの勤務状況を変えなければなりません。

図1　日本の男女の年齢による労働力率の変化

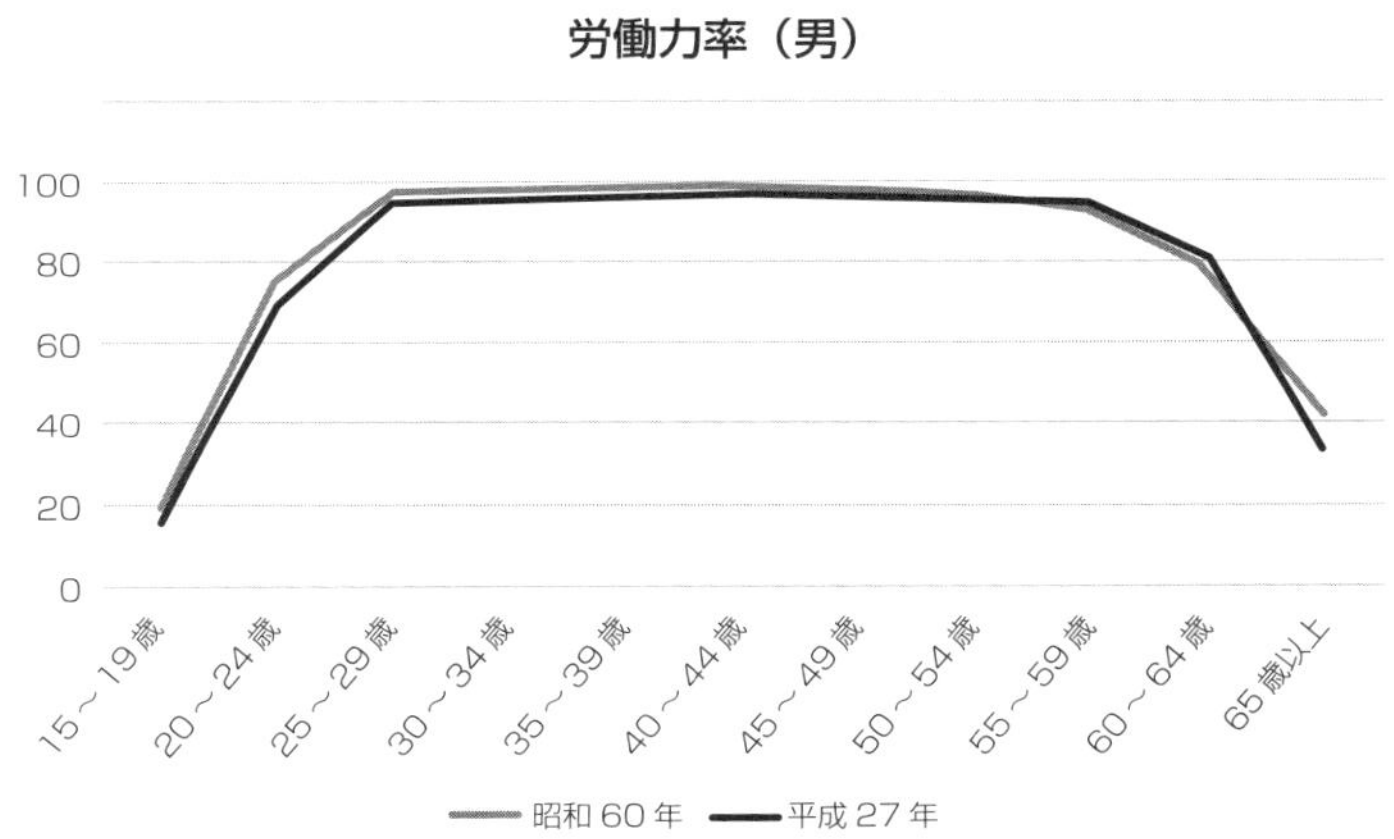

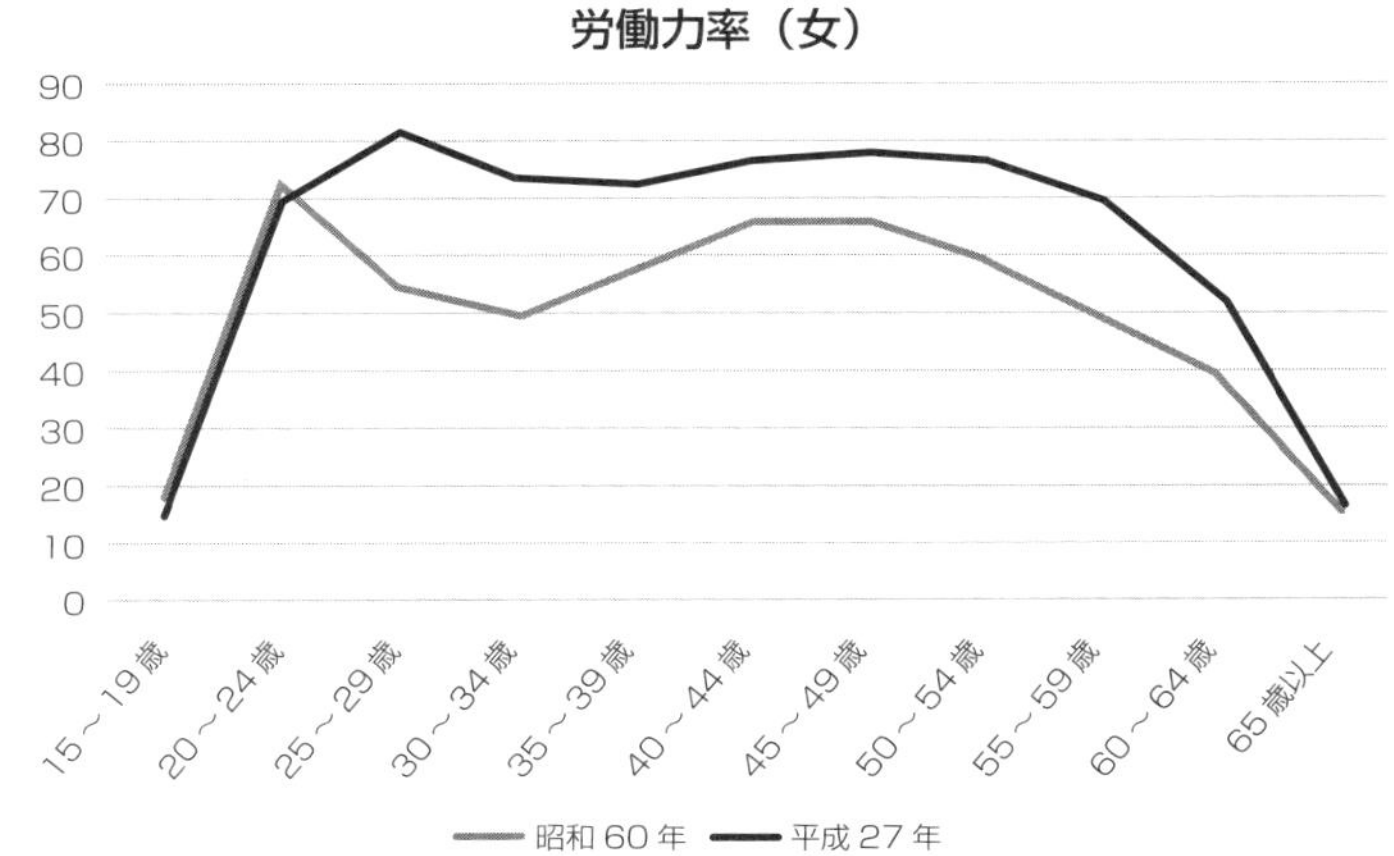

※国勢調査をもとに作成。

現実の教員の過酷な働き方

しかし、現実には多くの女性教員が、産休・育休や時短勤務を取ることについて、一般企業よりも大きく躊躇するような状況があります。教員の働き方が、一般の労働者に比べてもありえないほどに労働が過密であり、しかも産休・育休の代替要員を見つけることは、いま非常に困難になっているからです。

一般の企業や公務員であれば、多くは朝8時半から9時ごろに出勤し、昼食のために12時ぐらいに1時間の休憩を取り、だいたい夕方5時や6時までが就業時間となっています。また管理監督者でなければ、残業すれば残業手当が就業時間中の賃金の1・25倍の算定で支給されます。

ひるがえって、教員の働き方といえば、定時出勤、定時退勤など夢のまた夢です。そもそも、どこまでやれば終わりといえる仕事はありません。たまに今日は早く帰れると思っていても、保護者からの一本の電話でそれは吹き飛んでしまいます。保護者から「先生なのだから」と言われると、「私だって家に帰れば子どもがいる」と思いつつ、「教師だから仕方ない」と自分を納得させざるを得ません。

保護者ばかりではありません。管理職はもとより同僚からの「子どものため」という言葉には逆らえません。なにしろ、自分以外の先生方も、みんなそれを受け入れて今日も遅くまで仕事をしています。

このような働き方を先輩から「当たり前のこと」として教えられ、残業代も払われないのを当然と受け止め、疑問を抱いていないのが真面目な日本の教師の一般像です。しかしこれは、一般の労働者から見ると、相当に労働者としての人権を奪われた状態なのです。それを「これが当たり前」「教師は大変な仕事だから、残業が多くてもしかたない」ととらえてしまう大きな感覚の麻痺が学校現場にはあります。

我々教師は法に従って教育活動を行っています。公務員であるならばなおさらです。まさか、違法行為が学校で行われているとは思っていないでしょう。

さて、現状の勤務の実態は法に則っているのですか？　本当にそうでしょうか？　法律なども踏まえながら考えてみましょう。

教育公務員の特殊な労働条件とは？

労働基準法で定められていること

労働条件の最低基準を定めている法律が労働基準法です。労働基準法では、

1　労働者に労働させることができるのは1日8時間、週40時間まで（32条）
2　だが、労使間で協定を結べば、残業や休日出勤も可能にできる（36条）
3　就業時間外の勤務には就業時間中の1・25倍の賃金を支払う（37条）

という規定があります。

もし違反した場合は、第119条により「六箇月以下の懲役又は三十万円以下の罰金」に処せられます（※1）。

労働基準法が定めていること

- 「使用者は、労働者に、休憩時間を除き一週間について四十時間を超えて、労働させてはならない。」「使用者は、一週間の各日については、労働者に、休憩時間を除き一日について八時間を超えて、労働させてはならない。」（32 条）

- 労使が合意し、協定した場合は、労働基準法の「規定にかかわらず、その協定で定めるところによつて労働時間を延長し、又は休日に労働させることができる。」（36 条）

- 「労働時間を延長し、又は休日に労働させた場合においては、その時間又はその日の労働については、通常の労働時間又は労働日の賃金の計算額の二割五分以上五割以下の範囲内でそれぞれ政令で定める率以上の率で計算した割増賃金を支払わなければならない。ただし、当該延長して労働させた時間が一箇月について六十時間を超えた場合においては、その超えた時間の労働については、通常の労働時間の賃金の計算額の五割以上の率で計算した割増賃金を支払わなければならない。」（37 条）

「え？　残業代ってそんなにもらえるのですか？」と疑問の声を上げた方もおられるでしょう。部活指導で土日を潰しても雀の涙程度の手当しかもらえません。しかし、それは特殊勤務手当で、労働基準法第37条で定めている超過勤務手当とは違います。

現状のような無理のある勤務を生じさせている原因は、**「公立の義務教育諸学校等の教育職員の給与等に関する特別措置法」**という法律です。一般には**給特法**と呼ばれます。

みなさんも、教育公務員の給与が他の公務員より高めに設定されていることはご存じだと思います。給特法の第3条には「教育職員（校長、副校長及び教頭を除く。以下この条において同じ。）には、その者の給料月額の100分の4に相当する額を基準として、条例で定めるところにより、教職調整額を支給しなければならない。」とあり、4%高く設定されているのです。

しかし、その**第3条の第2項に「教育職員については、時間外勤務手当及び休日勤務手当は、支給しない。」とあります**。この規定があるから残業をいくらやっても手当が付きません。事前に4%を上乗せしているのだから手当は出さないという論理です。

なぜ給特法が決まったのか？

昭和46年2月に人事院は国会及び内閣に対して「義務教育諸学校等の教諭等に対する教職調整額の支給等に関する法律の制定についての意見の申出」をしました。

そして、「教員の勤務時間については、教育が特に教員の自発性、創造性に基づく勤務に期待する面が大きいことおよび夏休みのように長期の学校休業期間等があること等を考慮すると、その勤務のすべてにわたつて一般の行政事務に従事する職員と同様な時間的管理を行なうことは必ずしも適当でなく、とりわけ超過勤務手当制度は教員にはなじまないものと認められる」

「教員の勤務は、勤務時間の内外を問わず、包括的に評価することとして、現行の超過勤務手当および休日給の制度は適用しないものとし、これに替えて新たに俸給相当の性格を有する給与として教職調整額を支給する」と説明しました。

それを受けて昭和46年5月に給特法が生まれたのです。

教職調整額の４％という支給率の数値は昭和41年に行われた「教職員の勤務状況調

査」の結果が根拠となっているとされています（文部科学省　学校の組織運営の在り方を踏まえた教職調整額の見直し等に関する検討会議　審議のまとめ　平成20年9月）。当時の小学校教師の時間外勤務が週1時間20分（月約5時間20分）で、中学校教師が2時間30分（月約10時間）だったことから4％という数値が出されました。**いまは勤務実態がまったく違っているのに、4％という数値は変更されていません。**

当然、不当だとして裁判所に訴える人はいます。しかし、ことごとく退けられています。たとえば平成23年7月12日の最高裁の判断（※2）だと、当該事件で問題となった時間外の勤務を校長は命令していないことを理由にしています。時間外勤務を命じることは原則として違法だから、校長は明示的に命令することはしていません。

給特法の第6条第1項には「教育職員を正規の勤務時間を超えて勤務させる場合は、政令で定める基準に従い条例で定める場合に限るものとする。」とあります。その政令とは**「公立の義務教育諸学校等の教育職員を正規の勤務時間を超えて勤務させる場合等の基準を定める政令」**です。その中で時間外勤務を命じられる場合の定めがあり、いわゆる超勤4項目と呼ばれています。そこには次頁のように書かれています。

政令で超勤４項目とされているもの

公立の義務教育諸学校等の教育職員の給与等に関する特別措置法（以下「法」という。）第六条第一項（同条第三項において準用する場合を含む。）の政令で定める基準は、次のとおりとする。

一　教育職員（法第六条第一項に規定する教育職員をいう。次号において同じ。）については、正規の勤務時間（同項に規定する正規の勤務時間をいう。以下同じ。）の割振りを適正に行い、原則として時間外勤務（正規の勤務時間を超えて勤務することをいい、同条第三項各号に掲げる日において正規の勤務時間中に勤務することを含む。次号において同じ。）を命じないものとすること。

二　教育職員に対し時間外勤務を命ずる場合は、次に掲げる業務に従事する場合であって臨時又は緊急のやむを得ない必要があるときに限るものとすること。

イ　校外実習その他生徒の実習に関する業務

ロ　修学旅行その他学校の行事に関する業務

ハ　職員会議（設置者の定めるところにより学校に置かれるものをいう。）に関する業務

ニ　非常災害の場合、児童又は生徒の指導に関し緊急の措置を必要とする場合その他やむを得ない場合に必要な業務

「部活は仕事ではない」
――公立学校の教員だけ守られていない現実

前述の超勤4項目の中に部活は入りません。したがって、勤務時間外の部活の指導を校長は命令できないのです。

校長は「早く退勤してください。でも仕事はしっかりとやってください」と言う。そうすると教員は「自主的・自発的」に勤務外も働く。職員会議で「自主的・自発的」に顧問が決まる。校長が「あ、そうですか。ご苦労様でした」とする。そして、顧問が「自主的・自発的」に時間外・休日勤務の部活指導をするという形式になります。

だから、給特法で超過勤務手当が支給できないと知っているのに、「自主的・自発的」に時間外勤務・休日勤務をしたことに対して手当を支給しろというのはおかしい、という理屈になるのです。

休日に部活指導をすると手当が出ますが、あれは特殊勤務手当です。もともとは「一般職の職員の給与に関する法律」の第13条にある「**その特殊性を俸給で考慮すること**

が適当でないと認められるものに従事する職員」に対する手当です。

給特法により時間外勤務手当及び休日勤務手当は支給できません。そこで時間外勤務手当や休日勤務手当とは違う手当を支給しているのです。簡単にいえば、「ボランティア」でしていることに手当を付けているのです。

民間企業のサービス残業は労働基準法上違法なので、労働基準監督署が指導に入ります。しかし、教師の自主的残業は給特法により違法にならないため、労働基準監督署は公立学校に立入調査をできません。自治体の人事委員会に是正の勧告を求める措置要求をして、判定を求めることはできますが、強制力はありません。

私立学校は労働基準法によって縛られています。だから、全私立学校の25・7％が立入調査を受け、10・3％の学校が指導を受け、8・5％の学校が是正勧告を受けています（私学経営研究会　第3回私学教職員の勤務時間管理に関するアンケート調査報告書　平成29年）。また、国立の小学校、中学校、高等学校も労働基準法によって縛られています。現在、国立大学は独立行政法人（国立大学法人）です。したがって、その附属学校の教員は公務員ではありません。教員という同じ仕事をしていますが、縛られている法律が違います。

教師が倒れても死んでも、公務災害と認められにくいという事実

労働災害（労災）の手続きも公立とそれ以外の学校は違います。一般の労働者は労働基準監督署が申請先です。教育公務員は地方公務員災害補償基金の支部です。その多くは県庁にあり、支部長は知事で、職員は県職員です。その申請書には所属長の証明が必要です。また、名称も「公務災害」です。みなさん、何か気づきませんか？

たとえば、民間企業で働いていた人が労働災害に遭ったら、事業主の証明がなくても労働基準監督署という第三者機関が労災申請を受理します。そして、労働基準監督署は事業主に対して書類を提出させ、関係者から事情聴取し、業務上の災害かどうかを調べます。これは労災を会社に直接申請する制度にしてしまうと、ブラック企業などでは申請を握りつぶされてしまう可能性があるためです。

ところが、教育公務員の公務災害の申請先である地方公務員災害補償基金は、平成24年になるまで、所属長の証明がない申請の受理が徹底されていませんでした。

「公務災害認定請求書握りつぶし訴訟」というものがあります。東京都の中学校教師だった早川さんが公務災害認定請求書を平成4年に出そうとしたところ、校長が何度も突き返し、結果として申請書類が16年間も校長室のロッカーで眠っていました。その間の病状悪化で早川さんは分限処分を受けたのです。その損害賠償の訴訟です。

平成24年に最高裁の上告不受理の決定が出て、高裁判決が確定して早川さんが勝訴し、その中で、民間と同様に所属長の証明がなくても所属長が申請を拒む場合は地方公務員災害補償基金が申請を受け付けられると認定しました。その後、地方公務員災害補償基金でも長期間証明がなされない場合は直接請求ができることが手続きの説明に記されました。そんな当たり前のことが最近まで決まっていなかったのです。

すべての元凶は給特法なのです。いくら働かせてもお金を払わなくてよいので、安易に働かせている。それが現状なのです。

では、給特法を廃止したらいいと思うかもしれませんが、それは不可能です。

もし給特法を廃止したら時間外勤務手当・休日勤務手当を支給しなければなりません。公立小中学校の教員に支払われる給与・諸手当の総額は約5兆円です（義務教育特別部会（第16回）・義務教育特別部会（第17回）合同会議における苅谷委員からの

配付資料　平成17年6月）。

前にも紹介したように文部科学省の「教員勤務実態調査（平成28年度）」によれば1週間あたりの教諭の勤務時間は小学校も中学校もだいたい60時間、つまり本来の40時間の1・5倍働いているのです。労働基準法第37条には超過労働・休日労働について「通常の労働時間又は労働日の賃金の計算額の二割五分以上五割以下の範囲内でそれぞれ政令で定める率以上の率で計算した割増賃金を支払わなければならない」とあります。したがって、低く見積もっても3兆円が必要です。この額はものすごく粗い計算ですが、莫大な予算が必要であることは確かです。それを給特法によって、5兆円の4％である2000億円で済ましているのです。いま、給特法を廃止したら、日本の財政は破綻してしまいます。

では、この状態がこれからも続くのでしょうか？　残業代はともかく、少なくとも公務災害の認定については司法等の判断が変化してきています。

多くの校長は、勤務時間外の部活指導は、「教員の自主的判断で、私は命令していない」という理屈づけが可能だと思っていると想像します。しかし、**ひとたび教員が長時間残業による過労で倒れて公務災害になったら、校長が「私は命令していない」**

と逃げようとしても、それは通用しないことがあり得るのです。

実は、過重な残業によって教員が過労で倒れたり死亡したり、過労自殺したりということが起こった場合、黙示的であっても、校長が職務命令で残業させていたと判断されて、公務災害の認定を受けている例はいくつもあります。

その一つの例として鳥居裁判という裁判例をこれから紹介します。

※1　労働基準法第112条に「この法律及びこの法律に基いて発する命令は、国、都道府県、市町村その他これに準ずべきものについても適用あるものとする。」とあります。しかし、地方公務員法第57条には「職員のうち、（中略）公立学校の教職員、単純な労務に雇用される者その他その職務と責任の特殊性に基づいてこの法律に対する特例を必要とするものについては、別に法律で定める。」とあります。その「別に定められた法律」が給特法なのです。

※2　この最高裁の判断は、勤務が過重であったことについての慰謝料（高裁は認めていますが、最高裁は棄却）についての判断です。

教師が倒れたら校長の責任に

残業について校長が「包括的な職務命令」をしていたと判断

鳥居裁判とは、部活指導中に倒れた教員を公務上の災害として救済した裁判です。愛知県の中学校教師である鳥居建仁さんが平成14年9月13日に学校祭の模範演技をしているときに、ユニホック競技（昭和48年にスウェーデンで誕生したスポーツ）の模範試合後に脳出血により倒れ、高次脳機能障害等の後遺症を負いました。

そこで地方公務員災害補償基金愛知県支部（以下、基金）に公務災害認定を申請しましたが、認めてもらえなかったので訴訟を起こしたのです。

倒れる直前の鳥居さんの勤務状況を説明します。陸上部の顧問であったため、出勤が7時20分から8時、部活以外の校務が8時10分から15時55分、そして16時から18時半に部活指導をしており、平成14年1月からの休暇取得は、1月は半日、2月から7月までは0日、8月は6日（夏期休暇）、9月は0日でした。そして、9月13日に倒れました。その後、障害のため分限免職処分になってもいます。

平成23年に名古屋地裁は鳥居さんの主張を認めた判決を出しましたが、基金が控訴し、平成24年には名古屋高裁も鳥居さんの主張を認めた判決を出しました。しかし、基金はさらに上告し、最高裁が平成27年に基金の上告を受理しない決定をして名古屋高裁の判決が確定しました。結果として、鳥居さんは、公務災害認定を受け、分限免職処分は取り消され復職することができました。

この裁判で、名古屋地裁は、公務災害として認定される要件としての「公務」というためには、**社会通念上必要と認められるものである限り、やむを得ず勤務時間外に行った職務は、包括的な職務命令が出されたものであるという判断を示しました。**

教職員が倒れたら、校長の責任になる

鳥居さんの所定勤務時間は16時55分までです。しかし、通常は16時55分で部活が終

了するということはあり得ません。また、社会通念上、土日の指導も必要だということも、中学校の部活では一般的です。だから、それを校長がわかっているのに部活指導をさせているならば、こと公務災害かどうかを判断する局面では、校長は包括的な職務命令を出したと判断されるということなのです。

おそらく、このような判決が出たことを多くの校長は知らないと思います。

鳥居裁判は最高裁が上告を受理しない決定をして名古屋高裁の判決が確定した判決なので、厳密には最高裁が正面から判断した判決ではありません。しかし今後、この種の訴訟が起こり基金側の敗訴が続けば、やがて校長の多くも知ることになると思います。そして、最高裁で教員の超過勤務手当についての新しい判断も出る可能性があります。

公務災害と認定された場合、教育委員会は、「当委員会は校長が適正な労務管理をするよう指導している」と主張すると思います。また、教育委員会としては、「校長は県の指導に従わず、適正な労務管理を怠った」とする立場を建前上はとるでしょう。

いまだって、教員は超過勤務が80時間以上になると教育委員会に呼ばれてかなり厳しい指導を受けます。そして医者の面談を受けるように指導を受けます。一方で、学校では校長は早く帰れとは言うけれど、仕事はやれと言う。結局、しかたなく自主的判断として部活指導をせざる得ません。

しかし、この裁判例で明らかになったように、**実際に公務災害が起こると、校長の「包括的な命令があった」と認定される可能性があるのです。**

教育委員会は「超過勤務が80時間以上になると、これこれの指導を行っています。具体的なマニュアルはこれこれです。だから、県の指導に従っていない校長の管理が悪いのです」と言える準備は整っています。ところが、校長はその主張に反論できる根拠は何もないのです。

多くの校長は、勤務時間外の部活指導は、教員の自主的判断で、「私は命令していない」という理屈づけが安泰だと思っていると想像します。一つ付け加えると、鳥居裁判の最高裁決定は、公務災害の認定に関する裁判で、給特法について議論していないので、その論理を超過勤務に一般化することはできません。したがって、鳥居裁判の名古屋高裁判決の理屈によって、現在の状況下で残業代を請求する訴訟を起こしたら、当然に部活の時間外指導について包括的な命令下にあったと認定してもらえるかというと、そんなことはありません。いまの法律のもとでは、教師の残業代請求は最高裁までいけば、認められないで終わることは明らかです。

教師がすべき本来の職務とは？

教師がすべき部活指導は「勤務時間内」だけ

本書をお読みの方の中には、「部活が長時間労働を生んでいるとしても、部活は中学校教育、高校教育に必要だ」と思われる方は少なくないと思います。部活の必要性は学習指導要領にも書かれています。

日本の法令は4種類あります。それは憲法、法律、政令、省令で、優先順位はこの順番です。それぞれの制定手続が違います。憲法、法律はご存じだと思いますので省略します。政令は内閣によって定められ、省令は各省大臣によって定められます。

部活に関しては学習指導要領の中に1カ所だけ書かれています(次頁参照)。でも、学習指導要領は告示です。一方、超勤4項目は省令よりも上位法である政令です。し

学習指導要領の中の部活動に関する記載

生徒の自主的、自発的な参加により行われる部活動については、スポーツや文化及び科学等に親しませ、学習意欲の向上や責任感、連帯感の涵《かん》養等に資するものであり、学校教育の一環として、教育課程との関連が図られるよう留意すること。その際、地域や学校の実態に応じ、地域の人々の協力、社会教育施設や社会教育関係団体等の各種団体との連携などの運営上の工夫を行うようにすること。

たがって、学習指導要領より超勤4項目が優先されます。

つまり、**学習指導要領に書かれているのは、超勤4項目に合致する「勤務時間内での部活」なのです。**

勤務時間内の部活で「学習意欲の向上や責任感、連帯感の涵養等に資するもの」を指導しなさいと書いてあるのです。

各種の法令・告示を素直に理解すれば、勤務時間外の部活指導はしなくていいのです。

自主的に好きだからやっている、という教員は勤務時間外までやっていてもそれでいいかもしれません。しかし、そうではない教員に対して、校長などの管理職が「部活指導をほかの人と同じようにしてくれないと困る」「しないのは問題だ」という振る舞いや扱いをしてくるのは、管理職の勘違いであり、ハラスメントだとも言えます。

さらにいったんそうした校長のもとで、教員の誰かが長時間労働のせいで倒れて公務災害事件となったら、その校長は「包括的命令をしていた」として校長の責任になります。ハラスメントの事実があれば処分の対象となります。

時間外の登下校の見守り、保護者対応もしなくてよいこと

勤務時間外の仕事を強いられているのは、部活だけではありません。登下校の見守りも同じです。

みなさん、子どもの登下校の責任は誰が負っていると思いますか?

おそらく、学校だと思っている方が多いでしょう。そして、その理由は、少なくとも義務教育の場合は、学校に行くのは義務だからだと思っておられるかもしれません。

しかし、日本国憲法第26条第2項は「すべて国民は、法律の定めるところにより、その保護する子女に普通教育を受けさせる義務を負ふ。義務教育は、これを無償とす

る。」とあります。つまり、普通教育を受けさせる義務を負っているのは国民であって、国でもなければ学校でもないのです。国が負っているのは無償にすることです。

したがって、登下校は保護者の責任です（※3）。

義務教育諸学校の教員の仕事を規定しているのは、学校教育法第37条第11項と第49条で「教育をつかさどる」というあいまいなものです。そして、学校教育法第37条第4項に「校長は、校務をつかさどり、所属職員を監督する。」とあるので校長が登下校の見守りを学校の仕事だと判断することはできます。しかし、校長が登下校を学校の仕事だと判断したとしてもそれは勤務時間内に限られるのは、超勤4項目から自明です。

多くの学校は午前8時20分頃から朝の会を開いています。勤務時間が8時10分からだとすると明らかに登下校の見守りを学校の仕事にすることは不可能です。

「早く勤務したから早く帰っていい」と言う校長先生はいますが（ま、早く帰れませんが）、勤務時間の変更は労働条件の不利益変更に該当するので、校長は実質的に命令できません。それに中央教育審議会の「新しい時代の教育に向けた持続可能な学校指導・運営体制の構築のための学校における働き方改革に関する総合的な方策につ

いて（中間まとめ）」（平成29年12月）には、

「登下校に関する対応」
「放課後から夜間などにおける見回り、児童生徒が補導されたときの対応」
「学校徴収金の徴収・管理」
「地域ボランティアとの連絡調整」

の４つは、基本的に学校以外が担うべき業務としています。

これは電話応対も同じです。勤務時間が16時55分までだとしたら、17時以降の電話に出るべきではありません。そもそも退勤しているのですから。

みなさんの中には「そんなことできるわけがない。保護者の中には共稼ぎの家庭も少なくない。そのような保護者が学校に連絡を取るとしたら勤務時間外にしかできない。我々も保護者に連絡を取ろうとすれば勤務時間外にしかできない」と思われる方もいるかもしれません。

しかし共稼ぎ世帯の人が相手に連絡を取りたい、また、こちらからそういった人に連絡を取りたいということが起こるのは、学校以外の公共団体、たとえば市役所のやり取りでも同じです。

では、市役所ではいつまでも電話での連絡対応をしていますか？していません。

平成30年2月9日に文部科学事務次官は都道府県教育委員会教育長、指定都市教育委員会教育長に「学校における働き方改革に関する緊急対策の策定並びに学校における業務改善及び勤務時間管理等に係る取組の徹底について」を通知しています。

その中に「保護者や外部からの問合せ等に備えた対応を理由に時間外勤務をすることのないよう、緊急時の連絡に支障がないよう教育委員会事務局等への連絡方法を確保した上で、留守番電話の設置やメールによる連絡対応等の体制整備に向けた方策を講ずること」と書いてあります。

そのことは都道府県教育委員会、指定都市教育委員会は知っています。

※3　独立行政法人日本スポーツ振興センター法施行令の第5条第2項において「学校の管理下」の例の中に「児童生徒等が通常の経路及び方法により通学する場合」を挙げています。しかし、これは災害共済給付の対象となるものを定めているので、教員の仕事内容を定めているわけではありません。

COLUMN

働き方改革は絶対に進みます

「大変だな～」「辛いな～」と何となく感じていたと思っていたと思います。しかし、同時に「しかたがない」「どうしようもない」と思っていたのではないでしょうか？

しかし、本章を読んで、現状の忙しさが理不尽なものであることを知ったと思います。そうです。理不尽です。

だからといって、日本中の教員が一斉に勤務時間が終わったら帰り、土日の勤務を拒否したらどうなると思いますか？

とんでもない現場の混乱が起こります。何よりも、目の前の子ども達に被害が及びます。結果として子どもや保護者から学校はそっぽを向かれ、勤務時間の通常の勤務そのものが成り立たなくなります。

では、あきらめますか？

最初に書いたとおり、いまの働き方改革は「教員の勤務実態がひどすぎる」から進んでいるのではなく、日本が生き残るためにやっているのです。だから、絶対に進みます。進まなければならないのです。では、我々教師は具体的にどうしたらいいのでしょうか？　それを考えるヒントを本書でご紹介していきます。

第2章

現場から始まっている
先進的な取り組み

現場ではすでに改革は進んでいる

いまの教職員の勤務状態が問題のある異常な状態であることを行政は知っています。だから、公的には「勤務時間を守ってください」と言います。そして、校長も「勤務時間を守ってください」と言います。しかし、直接、学校を預かっている校長は「しっかり仕事をしてください」とも言わざるを得ないのです。

一方で、前章で述べたとおり、教師に現状の仕事を「しっかり仕事をしてください」と校長が言うと、残業について包括的な職務命令が出されたものであると判断される時代です。では、異常な勤務状態を脱するには、どうしたらいいでしょうか？

いままでやっていた仕事を止めるのです。

教師の勤務時間は明確に定められています。勤務時間外は例外的な場合以外は仕事をしなくていいのです。ではなぜこれほどまでに教師の仕事が拡大したのでしょうか？

学校はかつて地域コミュニティの中心にいました。警察署や病院や子どもの預かり施設のない地域にも学校はあります。そのため、地域から警察署や病院、子どもの預かり施設の役割を期待されました。学校はそれに応えていたのです。それができたのは近代学校制度が生まれた明治時代からずっと、日本は右肩上がりの発展を遂げていたからです。教員というマンパワーが拡大し続けたからです。ところが現在、日本は少子高齢化社会に突入しています。いままでの役割に伴う仕事を続けることは不可能です。それゆえ、いままでは「慣習」としてやっていた仕事を止める必要があります。

新たなことをすることには抵抗は少ないですが、止めるには説明責任が生じます。それゆえ、教師の仕事は肥大化し続けたのです。いままでも「止める」改革はありましたが、それらは「予算を付けて代わりの人材にやってもらう」という本質的には「止めない」改革（?）です。しかし、今回の「止める」は、本当に止めるのです。止めるには「本気」にならなければなりません。

国は腹を据えて働き方改革を推進します。都道府県レベルにも指導が入るでしょう。それに、実は教育現場のさまざまなところで既に働き方改革が始まっています。この章では、先進的な改革をしている自治体、学校、地域をご紹介したいと思います。

自治体が先駆ける働き方改革プラン

横浜市の働き方改革の取り組み

前章で紹介した問題を解決しようとしている教育委員会もあります。たとえば横浜市です。平成30年3月に「横浜市立学校　教職員の働き方改革プラン」（http://www.city.yokohama.lg.jp/kyoiku/kyoiku-info/futankeigen/hatarakikataplan.pdf）が策定されました。ぜひ、お読みください。

この策定プランでは、まず、教職員の抱えている現状の問題点のエビデンスを挙げてコンパクトにまとめています。その中には約2割の教員が未就学児を抱えている実態が明らかにされています。この点からも、前章でいったように、今後の日本のことを考えると働き方改革で、すぐにでも異常な勤務状態の問題を解決しなければならないことです。

具体的な取り組みとしては、次のようなことが挙げられています。

●研修

研修をeラーニング化することによって受講会場への移動時間を削減したり、受講時期を変えられるようになったり、出産休暇、育児休業、介護休業などの取得中でも利用しやすくなるようにします。

●書類作成

また、教員が作成しなければならない教育委員会への文書や、各種団体への調査対応は多いと思います。横浜市では、どのような書類を作成するか、どのような調査対応を受け入れるかのルールを作ります。そして、作成しなければならないと判断した書類・調査も、様式や回答方法の簡素化を進めます。たとえば、ＱＲコードを利用して保護者向けのアンケート実施を簡素化する例も紹介しています。

●勤務形態の自由化

出産や子育て、介護等を抱える教員のために、在宅で仕事ができるテレワークシステムを導入したり、教職員版のフレックスタイム制度を導入したりすることを始めます。勤務時間の弾力化については平成19年3月の中央教育審議会の「今後の教員給与の在り方について（答申）」にもあります。

●留守番電話の設定の導入

また、勤務時間終了時刻以降は電話応対せず留守番電話に設定することを推進すると定めています。横浜市では平成29年12月段階で市立学校の136校（29％）が設定済みです。これに対して保護者の理解を得るのは大変だったと思います。しかし、次の3つのことを配慮して理解を得ています。

第一に、区や中学校ブロックでの協議を通じ、近隣校等と合わせて設定時間等を決定しました。

第二に、学校運営協議会、学校だより等を活用し、保護者・地域への周知と理解の促進をしました。

第三に、保護者等から折り返しの電話がある場合、その日は設定開始時刻を遅らせるなど、柔軟に対応しました。

これは教育委員会が後ろ盾になって推進したから各学校でできることだと思います。一校長がやろうとしても、保護者からの大反対が起こるのは予想されます。設定済みの学校が約３割ならば、今後はさらに理解を得やすくなるでしょう。

●部活動休養日の設定

平成29年度から「平日１日」と「土日どちらか」を休養日としています。

削る改革こそが必要

この横浜市の取り組みには特徴があります。それは、その多くが何かをプラスする改革ではなく、削る改革だということです。

以前の改革はこれまでやっていたことにプラスする取り組みをやっていました。これだと外部の人からは誰からも文句を言われません。ただし、プラスする改革は右肩上がりの状況だったら可能ですが、下がっていく状況では無理です。

教員が作成する現在の書類の量は、まさに典型です。誰も、その書類をなくそうとは言わない。言えば、何かあったときに責任を問われるからです。そして誰も責任を取りたくないから否応なく書類が増えていくのです。

経営学で有名なドラッカーは著書『明日を支配するもの』の中で、

「**知識労働の生産性向上のために最初に行うことは、行うべき仕事の内容を明らかにし、その仕事に集中し、他のことはすべて、あるいは少なくとも可能な限りなくすことである**。そのためには知識労働者自身が、仕事が何であり、何でなければならないかを知らなければならない」

と言っています。

前章に述べたように、教師の仕事は「教育をつかさどる」ことです。それが拡大解釈され、根本である児童・生徒の教育が疎かになったとしたら、これは本末転倒です。だから、ドラッカーの言うように「可能な限りなくす」ことが必要です。

自治体の改革を後押しするもの

横浜市のような取り組みは全国に広がっています。

その背景の一つには、文部科学省が平成29年12月に取りまとめた「学校における働き方改革に関する緊急対策」があるからです。

その中には、

「保護者や外部からの問合せ等に備えた対応を理由に時間外勤務をすることのないよう、緊急時の連絡に支障がないよう教育委員会事務局等への連絡方法を確保した上で、留守番電話の設置やメールによる連絡対応等の体制整備に向けた方策を講ずることを促す。」

と明記されているのです。

また、スポーツ庁が平成30年3月に策定した「運動部活動の在り方に関する総合的なガイドライン」があります。

その中で、適切な休養日等の設定として基本的に次の点が示されています。

●学期中は、週当たり2日以上の休養日を設ける。（平日は少なくとも1日、土曜日及び日曜日（以下「週末」という。）は少なくとも1日以上を休養日とする。週末に大会参加等で活動した場合は、休養日を他の日に振り替える。）

●長期休業中の休養日の設定は、学期中に準じた扱いを行う。また、生徒が十分な休養を取ることができるとともに、運動部活動以外にも多様な活動を行うことができるよう、ある程度長期の休養期間（オフシーズン）を設ける。

●1日の活動時間は、長くとも平日では2時間程度、学校の休業日（学期中の週末を含む）は3時間程度とし、できるだけ短時間に、合理的でかつ効率的・効果的な活動を行う。

○イ　都道府県は、1（1）に掲げる「運動部活動の在り方に係る方針」の策定に当たっては、上記の基準を踏まえて休養日及び活動時間等を設定し、明記する。

○ウ　学校の設置者は、1（1）に掲げる「設置する学校に係る運動部活動の方針」の策定に当たっては、上記の基準を踏まえるとともに、都道府県が策定した方針を参考に、休養日及び活動時間等を設定し、明記する。また、下記エに関し、適宜、支援及び指導・是正を行う。

○エ　校長は、1（1）に掲げる「学校の運動部活動に係る活動方針」の策定に当たっては、上記の基準を踏まえるとともに、学校の設置者が策定した方針に則り、各運動部の休養日及び活動時間等を設定し、公表する。また、各運動部の活動内容を把握し、適宜、指導・是正を行う等、その運用を徹底する。

○オ　なお、休養日及び活動時間等の設定については、地域や学校の実態を踏まえた工夫として、定期試験前後の一定期間等、運動部共通、学校全体、市区町村共通の部活動休養日を設けることや、週間、月間、年間単位での活動頻度・時間の目安を定めることも考えられる。

改革と現場の板ばさみ

スポーツ庁のガイドラインを踏まえて、休養日を設定する働き方改革のプランを策定する都道府県が広がっています。

しかし、残念ながら完全定着に向けた現場への拘束力などの方策はまだなのです。それは致し方ないと思います。もし拘束力を用いて縛りをかけたら学校はどうなるでしょうか？　動きが取れなくなってしまいます。学校が教育委員会と保護者の板ばさみになってしまうからです。

教育委員会から「休養日を設けろ、さもないと……」と言われ、保護者から「子ども達の願いをないがしろにするのか！　それでも教育者か？」と責め立てられたら、学校現場は頭を抱えることになります。

そこでどうするかというと、結局、教育委員会の言葉を錦の御旗として使い、保護者と子どもを説得するしかありません。

率直に保護者に今後の部活の置かれる状況についてを話しましょう。

保護者の中には、夏休みは教員の「休み」だと思っている方も少なくありません。だから、土日に働いても当然だという人もいるのです。

昔は学校規模が大きく、教職員も多かったのです。そして教職員の中には部活動の顧問になりたくて教師になったという人も少なくありませんでした。その人達が部活動の顧問を担っていたから、部活動による長時間労働があまり問題になっていなかった部分があります。

しかし、いまは教職員の数も少なくなり、部活動の顧問を希望する人も少なくなっています。結果として、やりたくないのに、いや、家庭の事情からやれないのに、やらざるを得ない人が生まれるのです。

大胆な学校改革はいまでもできる

大分大学教育学部附属小学校の挑戦

みなさん国立大学附属学校というと、どんなイメージを持っていますか？　おそらく「不夜城」ではないでしょうか？

みなさんは大分大学教育学部附属小学校をご存じでしょうか？　働き方改革についてアンテナの高い人だったら必ず知っている学校です。

大分大学教育学部附属小学校は自らのミッションを3点に再定義しました。

①地域教育への貢献

地域の先進的・先導的なモデル校として大分県教育委員会と連携して実践し、情報を発信する。

②教育実習生への指導

学生への教育実習を計画し、直接その指導に当たる。

③大学への協力

学部教員と協力し、教育理論と実践の往還を通した実証的な研究を行う。

ミッション自体はごく普通です。しかし、大分大学教育学部附属小学校のすごいところは、このミッションを達成するために大胆に業務を削ったところなのです。ドラッカーの言うように「可能な限りなくす」ことを実行しました。

●職員会議の廃止

たとえば、職員会議を廃止し、経営会議（校長、教頭、主幹教諭、指導教諭）を毎日開催し、重要案件は迅速に対応することとし、１～２週に１回の運営委員会と職員連絡会を実施しました。

経営会議で決めるべきものの内容を整理し、職員にかかわることに関しては、職員連絡会で伝えることにしました。もちろん、教頭、主幹教諭、指導教諭は関係する教員と綿密に話し合っています。

●教頭の業務を整理・分担

みなさん、教頭先生の仕事ってどんなイメージでしょうか？　おそらく「大変そう」ではないでしょうか？　一般の学校では事務的仕事の総括は教頭が一手に担っています。ところが大分大学教育学部附属小学校では、教頭一人に業務が過度に集中しないように、管理部は主幹教諭が統括し、指導部は指導教諭が統括します。教頭の業務を整理・分担することによって、教頭が全体を俯瞰的に見て適切に指導できるようにしました。これは教員が本務に集中できる体制づくりでもあります。

●職員の連絡先を非公開に

また、職員個人の連絡先の保護者への公開を非公開にしました。緊急の場合に限り、主幹教諭・教務主任・指導教諭が緊急電話で対応することとしました。時間外や休日の保護者と学級担任の直接のやりとりをなくしました。

●午前7時以前には登庁不可、午後7時完全退庁完了、土日祝日は完全閉庁

さらに、長時間勤務を廃止するために、その他にもいろいろなことを断行しました。たとえば、午前7時以前には登庁不可、午後7時完全退庁完了、土日祝日は完全閉庁としました。

これを成り立たせるために、

「民間教育研究団体事務局の辞退」
「各学年の年度末文集を6年の卒業アルバムのみとする」
「自作テストを単元テストの購入に移行」
「手書き通知表、出席簿を電子化」
「通知表を年3回から2回（前後期制へ校則変更）」
「長い会議の精選」
「教員が集金していた行事写真をネット販売」
「お茶当番廃止」
「3年宿泊行事廃止」
「修学旅行を3泊から2泊へ」

「教科研究室廃止」

「全校で毎日取り組んでいた日記を国語の単元や行事に合わせた指導に移行」

「分厚いＰＴＡ懇談資料の項目を統一してスリム化」

「３学年以上の家庭訪問を三者面談に変更」

「夏期休業中に全員一斉で変形労働休のまとめどり」

「学級通信を学年通信に集約」

「新聞委員会作成の毎日発行新聞を月に１、２回程度発行へ」

「難しい保護者対応は組織的に教務が対応する」

を断行しています。

●公開研究を実施しないことを決定

そして、公開研究を当面実施しないことを決めました。ただし、県の課題に応えるセミナー等は例外としました。最初に紹介したミッションである「地域教育への貢献」「教育実習生への指導」「大学への協力」を本気にやるためには、あれもこれも背負ってはできないと判断し、断行しました。

ミッションについては何をしているのか

具体的には「地域教育への貢献」としては、大分県教育委員会の施策を附属小学校が具体的に実践しています。県の施策「大分県グローバル人材育成推進プラン」「芯の通った学校組織」「新大分スタンダード」などを読み解き、具現化・授業化して県関係者に授業を見てもらうことを繰り返しています。

附属小中学校で連携していくつかの委員会を立ち上げ、県の教育行政担当者をアドバイザーに迎えています。

「教育実習生等への指導」としては、教育実習について、附属小学校からの改革案を積極的に大学と議論し、実習を実践力育成にシフトさせました。

「大学への協力」は主に立ち上がったばかりの教職大学院への協力に力を入れました。教職大学院の授業で附属小学校の事例を報告したり、附属小学校教員を参加させたり、実地研究のフィールドに使ってもらったりしているのです。

教育実習についても改革を断行

教育実習の改革では、率先してスクラップ&ビルドを行いました。先ほど述べたように教員が午後7時には完全退庁するのですから、実習生もそれより前には学校を出ます。**以前は実習校が附属学校の場合、実習生が9時ぐらいになっても帰れないこともありましたが、そんなことはなくなったのです。**

そして、附属小学校の先生が本音で語り合って、現場で役に立たないと思うものを大胆にカットしました。たとえば、実習生に毎時間の授業者である教員と子どもの発言を記録させていたのを、1日1時間程度、視点を与えて記録させるようにしました。

その与えた視点とは、大分県教育委員会が作成した「新大分スタンダード」に準拠して「付けたい力」「付けたい力をつけるための手立て」「C評価の児童に対する支援」「生徒指導の3機能」「その他（たとえば教師が一方的に話していないか）」という視点です。県の方針と一致させた、「地域教育への貢献」の具現化です。

その他にも、毎日A4判1枚のレポートを書かせていましたが、1学級に対し1枚として輪番でレポートを書かせるようにし、他の実習生のよい書き方を共有できるようにしました。また、附属学校の研究テーマに沿った附属学校独自の形式の指導案だったものを大分県の公立学校と同じ形式かつ単元単位で書かせるようにしました。

このようにスクラップ&ビルドを行っていきました。

また、大学学部で事前指導案作成による教材研究を行ってもらうことをお願いしました。指導案も学生の課題意識をもとに作成するのです。附属学校ではその指導案をもとに実習を組み立てます。先ほど紹介した視点を与えて記録させ、レポートを書かせる場合も、その学生の課外意識と連動させています。

このようなことを実現するには、附属学校と大学学部の密接な関係が必要です。実習の評価についても大学学部と検討する組織を立ち上げ、当該附属小学校だけでなく他の附属校と評価の観点や規準をそろえました。

附属学校の教員は教職大学院の授業に実践レベルで資料を提供したり実際に参加したりしているから、大学教員との接点も多くなります。

実際、大学教員と附属学校教員との協働の自主的な勉強会・研究会も開かれています。

ＰＤＣＡサイクルの実行とその成果

さらに、大分大学教育学部附属小学校は自分達の取り組みをＰＤＣＡサイクルで改善しています。たとえば、実習を担当している指導教員が、このような改善をする前の年度の新規採用者に学校現場で困ることを聞き取り調査しました。その結果、以前の調査では大分県教育委員会が推進している「付けたい力」を意識した授業を行うことに困っている新規採用者の割合は大分大学卒業生と他大学卒業生には違いはありませんでした。ところが、改革後の実習を受けた卒業生が新規採用者となる年度で同様の調査をしたところ、大分大学卒業生は約30ポイントも下回りました。

文部科学省の国立教員養成大学・学部、大学院、附属学校の改革に関する有識者会議は平成29年8月に「教員需要の減少期における教員養成・研修機能の強化に向けて―国立教員養成大学・学部、大学院、附属学校の改革に関する有識者会議報告書―」をまとめました。

その中で、「国立大学附属学校や各大学あるいはその連合組織は、率先して勤務時間管理を行うとともに、文部科学省において検討が進められている学校における働き方改革についての状況も踏まえつつ、業務改善に関する好事例を蓄積し、その効果や具体的な取組方法等のモデルをエビデンスに基づいてわかりやすく全国の学校に示すこと。国は、その促進のための措置を検討すること。」と述べ、教員の働き方改革のモデル提示を国立大学附属学校の「早急に対応すべきこと」として挙げています。

一言加えるならば、先に述べたように国立大学附属学校は労働基準監督署の管轄下なのです。早急に対応しなければ大変なことが起こるので迅速ともいえます。

L 地域との連携で部活動の改革はできる

総合型地域スポーツクラブ育成モデル事業

中学校で土日の部活指導がないことが普通になっている地域があることをご存じでしょうか？　その地域では月曜日から金曜日は、学校が部活動として運営し、土日は保護者が中心となって社会体育におけるクラブ活動として運営しています。

そうしようと思う理由は学校側と社会体育側の両方にありました。学校側に関していえば多忙です。とくに、教員の人数が少ない地域では教師の忙しさが限界だったのです。

さらに、教員の年齢構成の状況で運動部を担当できる若手教師の減少が追い打ちをかけました。平成11年度の週休2日制度への移行時に、学校が部活動育成会の保護者に対して、土日の児童生徒の活動を担当してほしいと求めたのです。

これは教育委員会が音頭取りしたものではなく、各学校単位での独自の動きだったのです。でも、ほぼ同じ時期にそのような動きが起こったということは、地域全体で学校が限界にきたという証拠だと思います。

社会体育側にも動きがありました。

文部科学省は平成7年度より「総合型地域スポーツクラブ育成モデル事業」を始めました。総合型地域スポーツクラブとは、身近な地域でスポーツに親しむことのできる新しいタイプのスポーツクラブで、「子どもから高齢者まで（多世代）」、「様々なスポーツを愛好する人々が（多種目）」、「初心者からトップレベルまで」、「それぞれの志向・レベルに合わせて参加できる（多志向）」という特徴を持ち、地域住民により自主的・主体的に運営されるスポーツクラブのことです。

このようなスポーツクラブを活性化させるには、従来、学校に任せていた土日の児童生徒の活動を受け入れる必要性が生じたのです。

先に述べたような地域では、保護者の方からも部活に不満がありました。小規模な中学校が多く、職員数も少ない。したがって、ちゃんと指導できる先生が少ない。それに限界まで忙しい学校であるため、異動希望が多く、3年程度で他校に異動する、といったことが常態化していたのです。簡単にいえば、学校に任せておけない、という状態です。

保護者と学校との何回かの話し合いの結果、現在のような分担という形になったのです。

現在では、月曜日から金曜日は、学校が部活動として運営し、土日は保護者が中心となって社会体育における土日のクラブ活動として運営しています。

その社会体育におけるクラブの活動場所の多くは、学校の部活と同じく、学校の施設を利用しています。しかし土日の活動の運営は学校とは切り離された、あくまでも保護者を中心とした社会体育が運営しています。

両者は独立していますが、対象の子どもの集団は「たまたま」一緒、ということです。つまり、たとえば学校の野球部の指導者・管理者と、社会体育の野球クラブの指導者・管理者は別ですが、指導を受ける子どもは同じになります。もちろん、会計も別々です。

この分担での運営方法がうまくいくか、いかないかは、学校と社会体育の関係によ

ります。どのような関係が望ましいかといえば、両者が無関係であることです。

社会体育と学校部活との関係・間合い

「無関係」と断言したので驚かれたでしょうか？　もちろん、良好な関係を維持し、協力することは望ましいです。しかし、それを維持するには調整役の人がいなければなりません。そして、そういった、自発的で、かつ調整役を担える人が常にいるとは限りません。たとえば、ある学校に調整役の教師がいたとして、その人がその後転出した場合、後任の人の調整が上手いとは限らないのです。

社会体育の指導者の人材となるのはそのスポーツ等に対しての思い入れの大きい人達だと思います。また一方の、部活顧問の教師にも思い入れの大きい人がいます。それぞれの考えている練習方法が違った場合、話し合って調整できるとは限りません。たとえば、土日を担当している社会体育の人が「平日にはこれこれの練習をしろ」と子どもに言ったらどういうことが起こるでしょうか？

逆に、平日を担当している教師が「土日にはこれこれの練習をしろ」と子どもに言ったらどういうことが起こるでしょうか？

おそらく、両者はかなり険悪な関係になります。

その場合、おそらく保護者は社会体育の人の側に立って学校側を非難するでしょう。なぜなら、社会体育の人は休日を返上して子ども達を指導しているからです。だから、休日の指導をしてくれない学校の先生を非難するのです。すると教師は「こんな嫌な思いをするんだったら、自分が休日の指導をして、外部の人に煩わされないようにする方が楽だ」ということになってしまいます。

ある人の文章（※4）を読みましたが、それによると教師は仕事を抱え込んで大変だと言っているけれど、地域の人と協力して解決する大変さより、抱え込んでいる現状の方を選択してしまいがちです。しかし、その方法は許されないほど限界の状況になっているように思います。

まず、学校部活と社会体育はまったく独立であることを確認する文書を作成しそれを公表して、保護者を含めて理解してもらうことが最初だと思います。

社会体育は独立性を保つために、練習会場も器具も学校とは別にすべきです。また、その地域の子どもだったら学年や通学する学校にかかわらず、誰でも参加できるチームにする。つまり、メンバー構成も学校の部活動とは異ならせればわかりやすいと思います。

待ったなしの部活動改革

これからは少子化の時代です。人数が少ないため試合ができない部活は多いと思います。その場合、試合はどうすればいいでしょうか？

ほとんどの都道府県の中学校体育連盟には複数校合同チームの参加規定が設けられています。ただ、その趣旨は単独チームではチームを構成できない学校のための救済策としてです。そのため、各学校の部員の数の上限を設けたり、顧問は学校の教師であることを条件にしたりしています。指導の中心は学校部活であることを前提としているからです。

しかし、今後、社会体育への移行が本格化したら、その規定を変えればいいだけです。

熊本県教育委員会の「児童生徒のための運動部活動及びスポーツ活動の基本方針」（平成27年3月）の中で4つの基本方針が掲げられています。

その第一は「小学校の運動部活動は社会体育へ移行する」で、第二は「中学校・高等学校の運動部活動は社会体育と連携する」としています。

それを受けて、天草市では「小学校における運動部活動の社会体育移行に関する検討委員会」を平成28年に設置しています。

土日の指導者を雇用し派遣するという案も考えられますが、現状の日本において、すべての部活の指導者を民間から雇用する予算はありません。

現状の部活動を合法的に続けるとしたら、社会体育との連携以外にあり得ません。

本書は部活動を目の敵にしているように思われる方もおられるでしょう。しかし、私は部活動には意義があることを十分に理解しております。しかし、同時に合法的にそれは運営されるべきだと思っているのです。

かつての日本には部活動のために土日を犠牲にすることを厭わない教師は少なくありませんでした。しかし、いまは違うのです。教師も夫であり、妻なのです。男女の共稼ぎの意識は変わっています。子育ての在り方も変わり、育児休暇を男性が取ることを奨励される時代です。健康寿命以上に、寿命は長くなっています。長い間、親の介護をしなければならなくなりました。帰宅が夜9時になること、土日が部活指導で縛られることを避けたいと思う人は多くなりました。その人達に暗黙の圧力で部活指導を強いるのは許されないことです。

そもそも少子化による学校の小規模化で、一校あたりの教職員の数が減り、全教員が部活指導を担当しても、担当しきれないほどになっています。今後、都市部の中心地域でもその現象は広がります。つまり教師の善意に頼っても頼り切れない時代はすぐそこに来ています。いや、もう来ているのです。そのことに目を背けてはいられません。直視しましょう。

※4　谷口勇一「部活動と総合型地域スポーツクラブの関係構築動向をめぐる批判的検討：「失敗事例」からみえてきた教員文化の諸相をもとに」、『体育学研究』、59巻2号、559―576頁、2014年

COLUMN

できることから

働き方改革は政府の方針です。それに対応して、本章で紹介したように、文部科学省もスポーツ庁もガイドラインを作成し、都道府県教育委員会に指導します。そして、都道府県教育委員会はそれらに準拠したガイドラインを作成し、市町村教育委員会に指導します。市町村教育委員会はそれらに準拠したガイドラインを作成し、各学校長を指導します。したがって、あなたが勤務している学校にも、文部科学省とスポーツ庁の作成したガイドラインに準拠したガイドラインが伝達されます。

しかし、本章で述べたように拘束力は弱いものだと思います。そこでです。みなさんはどうしますか？　これが重要です。

教育委員会は方向性を示し、錦の御旗を振ることはできますが、子どもや保護者と接しているのはみなさんです。みなさんが始めなければ何も変わりません。

先延ばしにしたらどうなるでしょうか？

一定数以上の学校がガイドラインをクリアする状態になったら、文部科学省はガイドラインの拘束力を強めます。そして、「なぜ、いままでしなかったんだ」となります。そうなってからあたふたしても上からのお達しには間に合いません。保護者や地域の理解を得るのには時間がかかるからです。まず、できることから始めましょう。校長が単に「早く帰ってください。でも、仕事はしっかり」と言うだけでは駄目なのです。

第3章

自分でできることを始めよう

自分自身で変えられることから始める

前章までは、文部科学省、スポーツ庁、都道府県教育委員会レベルの話をしました。しかし、みなさんは「大きな流れはわかった。でも、いますぐできることはないか？」と思っていると思います。

あります。

本章ではそれをご紹介します。あなた自身の仕事をラクにしたり、効率的にするようなさまざまな方法を紹介しています。**仕事の肝の部分を大事にするために、それ以外のところをどれだけそぎ落として仕事を進めるといいのか、そのコツをお伝えしましょう。**

また、具体的に過重な労働を負わされそうになったときにどう断るかということにも触れています。もしかすると、仕事を断るということなどは、やってみるのに抵抗を感じるかもしれません。「自分だけが弱音を吐くわけにはいかない」と歯を食いしばって、とにかく長時間労働になってもいいから仕事を引き受けて自分でやってしまった方がいい、と思う人もいるでしょう。

しかし、本来の職務でないことを教師が膨大に背負わされている現状の学校現場においては、もしかするとあなたが仕事をやりきってしまうことよりも、あなたが弱音を吐いて、仕事を断ってくれた方が、周りの同僚や若手も断りやすくなり、ひいては職場全体にとって無駄な仕事をしなくてすむことにつながる可能性が高いのです。

自分の体面だけを考えて、なんとか仕事をこなしてしまうのではなく、同僚や若手、家庭のことやさまざまな理由で自分よりも仕事を担えない人達も含めて、全員がサバイブできる方法は何なのか、それをぜひ本気で考えてください。

とくにいま、現場の若手教師の状況は極限に達していると思ってよいでしょう。毎日、十分に睡眠がとれていて、不安も抱えず、プライベートも充実している、という若手教師を一人として見つけられるでしょうか？　そのような極限状態で、日本の教育に未来があるでしょうか？　ぜひ、本章で紹介するような、そして、あなたが知っていたり実践したりしている仕事の効率化の方法や、あまりに大変なときに仕事を断る方法を周りの若手の人達にも、伝えてほしいと思います。

調査の回答にどう答えるか？

メリハリをつけましょう

個人としてできる改革は簡単にいうと「手を抜く」です。手を抜く、では抵抗があるならば、仕事にメリハリをつけると言ったらいいでしょうか？　すべての仕事に全力を注いだらパンクしてしまいます。

メリハリをつけるものには、まずは各種の調査に対する回答が挙げられます。その**調査の意義をみなさん自身が「積極的」に感じられない調査は、記名調査でない限りやらないことにしましょう。**

記名調査の場合は回答するけれど、時間をかけない。調査項目の中に、○か×か回答を迷う箇所があると思います。その場合は迷ったらコイントス、つまり硬貨を投げて表裏で決めてください。数値を入力しなければならない箇所で、記録・記憶が漠然とした場合は、「だいたいそうだろうな」と思う数値を入力する。とにかく時間をかけずに、パッパと書いて終わりにします。

これは理にかなっています。○か×かを迷う回答者の示したい本当の回答は「どちらでもない」です。ところがその選択肢がないのであれば、○と×のどちらでもいいのです。本当の回答が「どちらでもない」という人達がコイントスで決めれば○と×の数は回答者全体で相殺されます。だから、本当は○×どちらでもないあなたが○×いずれを選んでも、結果として良いのです。

数値の回答を求められたが、それを思い出せないということはあります。真面目な人は元になる書類を探して苦労します。これも、「だいたいそうだろうな」という数値を回答すればいいのです。

「だいたいそうだろうな」という数値の平均は真値に近づくことが知られています。多くの人の「だいたいそうだろうな」という値の平均値は驚くほど真値に近いのです（『みんなの意見」は案外正しい』（角川文庫）参照）。

それに、第1章で紹介したように、平成29年12月の中央教育審議会の「新しい時代の教育に向けた持続可能な学校指導・運営体制構築のための学校における働き方改革に関する総合的な方策について（中間まとめ）」には、「調査・統計等への回答」は学校の業務だが、必ずしも教師が担う必要のない業務だと書いています。この中間まとめを読むことをお勧めします。

書類づくりを徹底的に効率化する

書類を4つに分類しましょう

次に書類づくりです。我々教師が作成する書類は、毎年繰り返される定型的な文章のものが大部分です。膨大な書類を、「頭を使うべき／使わなくていい」と「間違えると大変／間違えても問題ない」の2×2の4通りに分類して考えましょう。つまり、

「頭を使うべきで、間違えると大変」
「頭を使うべきで、間違えても問題ない」
「頭を使わなくてよくて、間違えると大変」
「頭を使わなくてよくて、間違えても問題ない」

の4種類に分けるのです。

●頭を使わなくてよくて、間違えても問題ない書類

「頭を使わなくてよくて、間違えても問題ない書類」を最初に考えましょう。

具体的には、在校時間記録、国・県・市・町への報告文書で記述回答のもの、課題・取組・成果課題等があります。これに対しての対応は簡単です。適当に、いや、適切に書いてすぐに提出すべきです。残念ながら、この手の書類が我々の書いている書類の多くを占めています。

日本の教員の月あたりの書類作成は22・8時間かかっていますが、フィンランドでは5・7時間です（国民教育文化総合研究所　教職員労働国際比較研究委員会報告書（２００９年2月）より）。ちなみに**この報告書で報告されている調査で日本の教師の労働時間は11時間6分なのに対して、フィンランドの教員の労働時間は6時間16分なので大きな差があり、その大きな原因が書類作成でした。**

たとえば日本の場合、Ｏ１５７の事件があると、行政はそれに対応したマニュアルを作らなければなりません。一人ひとりの教師は、そのマニュアルに沿った膨大なチェックリストを書かなければなりません。そこでたとえば、マスクを忘れた子どもがいたかどうかというチェック項目があります。もし、マスクを忘れた子どもがいた場合、その

子に対してどのような指導をしたかを詳細に書く欄があります。それが毎日続くのです。

研究機関の薬品が盗まれる事件が起こると、学校における薬品管理が厳しくなります。いままでは、オープンな棚で大雑把な量の管理にとどまっていたのが、厳重な薬品庫にしまわれ鍵で管理をするようになります。数量計算は厳密で、毎回の実験ごとに使った薬品の量を記録しなければならなくなります。

遊具で事故が起こると、遊具の安全確認が徹底的に行われるようになります。いままでは、係の教師が一人でチェックしていたのが、複数の教師がチェックをするようになります。たとえば、ロープには複数の教師がぶら下がり、鉄棒ではさまざまな技をしてみて、安全性や強度を教師がチェックするようになるのです。そして、チェック結果に関する書類を作成します。

それらの中には○×チェックレベルのものもありますが、○×であっても数が多くなり、毎日だったら大変です。それに教科書、就学援助、給食会計の担当になればさらに大変です。

問題があると行政は「これこれの対処をしました」という対応をしなければなりません。そのための書類です。本来は専門家や外部業者によって解決すべきですが、予算がないので給特法によって無料で使える教員にやらせているのです。だから、作成している教師もその程度の書類だと思えばよいのです。

具体的には、昨年のチェック結果と同じなら昨年に作成した文書の日付だけ変えて提出します。一言一句変えなくていいのです。その種の書類は「あればいいもの」だからです。異常報告の記述がなければ中身について誰も詳しくは見ないと思います。

●頭を使うべきで、間違えても問題ない書類

次に「頭を使うべきで、間違えても問題ない書類」があります。具体的には職員会議での資料などです。これは本当に頭を使うべきか、そうではないかをちゃんと考えるべきです。

本当に頭を使うべきだったら、それに長けた人に相談しましょう。できれば、その人が以前作成した資料をデータファイルでもらって、それをベースにすればいいのです。どんな書類でも型というものがあるからです。自分がこだわっていることを一点決めて、それ以外はベースを変えずに使えばいいのです。

もし、実は頭を使わなくていいと思ったら、それらはカテゴリーが「頭を使わなく

てよくて、間違えても問題ない書類」に変わります。

●頭を使わなくてよくて、間違えると大変な書類

「頭を使わなくてよくて、間違えると大変な書類」には、国・県・市・町などへの報告文書で学校データに関するものがあります。また、調査書等の成績に関する書類や給与手当に関する処理などがあります。これは間違えると大変です。

このような書類の作成はどこを間違えると大変なのかを先輩から聞いておいてそれをメモしておくのです。その注意ポイントだけに気をつけるようにすればだいぶ楽になります。税金関係で「給与所得者の扶養控除等（異動）申告書」、「給与所得者の保険料控除申告書　兼　給与所得者の配偶者特別控除申告書」（平成30年分以降は様式の改定があるので注意）があります。この種の書類は細かい決まりがあって、どの欄に、どの数値を入れるかは難しいです。そのため、何度も確認して提出しなければなりません。最初に作成する人は事務の担当者に一つひとつ教えてもらって、何度も修正して完成した書類をコピーし、そのコピーに注意事項、たとえば保険会社から送られる書類のどの欄を使えばいいのかなどの注意を書き込み、ひな形を作成するので

す。そうすれば次年度以降は事務の方を煩わすことなくすぐに書類を作成することができます。

●頭を使うべきで、間違えると大変な書類

最後に、「頭を使うべきで、間違えると大変な書類」が残ります。これには時間をかけましょう。これは評価・評定とそれに関する本人・保護者への通知が該当します。指導要録が代表的です。分類した4種類の文書のうち他の3種類を割り切って処理すれば、これに時間をかけることができます。

みなさんは所見に苦労されませんか？　私は苦労しません。

大学の学部の時です、ある私立高校の教員職に応募しました。その時、指導教員の推薦状が必要だったのです。そこでお願いしに行ったら。先生は「西川君、君が書きなさい」と言われたのです。私はビックリしました。先生曰く、「君のことを一番知っているのは君だよ。だから、君が書くことが一番いい。嘘は書いてはいけないけれど、都合の悪いことをわざわざ書く必要はない。君のよさを最大限アピールする文章を書きなさい」とのことでした。自分で自分のよさを書いて、それを指導教員に見てもら

うのは恥ずかしかったですが、指導教員は私が書いた文章をもとに推薦状を書いてくれました。

だから、子ども達には私の指導教員が言ったことと同じことを話して、所見欄の文章を書かせたのです。書かせた後に、子どもには周りの三人に読んでもらって添削してもらうことをルールとしました。できた所見はかなり優れものでした。ほぼ私が手を入れる必要がないレベルでした。メディアリテラシー教育もした上でスマホを持っている子どもには、私に記入内容をメールするようにお願いしました。データでもらってコピー＆ペーストしてそれをもとに活用すれば効率よく処理できます。

記録を残しましょう

これはすべての書類づくりに言えることですが、作成することと同時に、保存の仕方を考えましょう。基本的にすべてデータファイル化し、パソコン等の電子媒体の中に保存することを徹底しましょう。自分が作成した書類はもちろんですが、それに関して人からもらった書類も保存するのです。そして、すぐにその書類がどんな書類だったかわかるようファイルに名前を付けます。結果として長い名前でもいいのです。作成するときにすぐ名前を付けるのです。時間が少しでも経つと忘れてしまうからです。

次に、階層的なフォルダを作って保存します。このあたりは事務の人は徹底しています。ファイルの名前の付け方やフォルダの階層構造が各学校で一致しているから、事務の人達は異動してすぐに仕事を引き継げるのです。参考にしましょう。

紙媒体の書類はすぐにスキャンしてPDF形式で保存し、OCR(光学的文字認識)機能を使って書かれている文章を読み取ります。コンピュータソフトには全文検索のソフトが無料であります。それを使えば、膨大な文章の中から必要なところを見つけられるからです。

そして、紙媒体の書類は基本的に捨てましょう。捨てなければ膨大な量になります。膨大な中からだと必要な時に必要なものをすぐに見つけられません。ということは持っていても意味がないのです。

もちろん、まれですが、紙媒体の書類が必要になることがあります。

でも、ご安心ください、そのような書類は誰かが保存しています。多くの場合は、教頭先生か事務の方です。その人にお願いすればもらえるはずです。

すぐにできることをやり続ける

計画的とは何か？

私が書類づくり、仕事のやり方で大事にしていることは、計画的であることです。計画的なやり方ってどんなことですか？　おそらく、いろいろな仕事を整理して、それぞれ何日までに終わらせるかを決めて、それを守ることだと思っていませんか？

しかし、それは子どもの計画的なやり方です。子どもの場合は夏休みの計画表を書かされます。そして、それを守らせられたと思います。

しかし、大人の計画的なやり方とは「すぐにできることをやり続ける」ことです。

子どもは自分のことをやっていればいい。だから、自分で計画を立てて、それを守れます。ところが大人の場合は、仕事が後から舞い込んできます。とくに仕事のできる人には集中します。それに家庭を持てば、家庭の仕事も入ってきます。だから、それだけを守れる計画なんか立てられるわけないのです。

だから、「すぐにできることをやり続ける」のが重要なのです。たとえば、時間に余裕がある場合、「この仕事は土曜日ぐらいにやればよいかな」と思うかもしれません。しかし、そう思わずに、いまやるべきなのです。

私と仕事をした経験のある方だったらご存じだと思いますが、私は仕事が早いです。そして、「西川先生は忙しいのに、なんですぐに終わらせられるのですか?」と聞かれます。答えは「私は忙しい」からです。なぜなら、後から後から仕事が舞い込んでくる、だから「あとで」なんか考えられない。だからすぐにやるのです。口が悪いですが、「忙しい」ことを理由にして仕事の遅い人は、私の経験上、「暇」な人です。

すぐできる仕事をまず終わらせる

ただし、すぐに終わらせられる仕事ばかりではありません。だから、すぐに終わらせられる仕事をまず終わらせることです。そうすると、すぐに終わらせられる仕事であっても、数が多くなってくると頭が働かなくなってしまうことを避けられます。書類づくりも徹底的にメリハリをつけてすぐにやります。すると目前の仕事が少なくなると、時間のかかる仕事も取り組めるようになります。

もし、その仕事が難航したらいったん止めます。そして、すぐにできる仕事を片付けます。そうしているうちに、難航した部分の突破口が見えてくる場合も多いです。

とにかく、「すぐにできることをやり続ける」を徹底するしかありません。

とにかく身を守るために断る

部活に関して教育委員会レベルで教員の働き方を守る音頭を取ってくれればありがたいですが、そういうことのない地域の教師はどうしたらいいのでしょうか？　とくに、放課後、休日の出勤が必須な部活指導に関してはどうしますか？

断ることです。

おそらく、「そりゃ断れるならば断りたいですよ。でも、断れないですよ。どうやって断ればいいんですか？」とお思いでしょう。でも、断るのです。事情を言って断ればいいのです。なぜなら、第2章（48頁）で紹介した横浜教育委員会の改革プランによれば、学童期前の子どもを育てている教職員は約2割いて、介護をしなければならない教職員は約1割います。学童期前だけが大変なわけではありません。小学校、中学校、高校の子どもを持っている親も大変です。部活の送り迎えをしなければならない親もいます。受験時期の子どもがいる場合も同じことです。こう考えてみれば、心にやましくなく断れる理由はあるはずです。

「そりゃそうですけど、それはみなさん同じです。私だけがそれを言うのは……」と思っているかもしれません。しかし、その心配をするのは我々教諭ではなく校長の仕事です。もうわかったように、法的には勤務時間外の仕事は強いられません。勤務時間外の仕事が付随することが社会通念上認められる仕事もです。だから、無理な方は無理をしないで断るべきだと思います。

断る場合は調整役の先生が校長に相談に行くでしょう。そうしたら本人が校長から呼ばれて「お願い」されるでしょう。そこで断っても強く言われる場合には、鳥居裁判の名古屋高裁の判決文を渡せばよいと思います。これまた低姿勢で、穏やかに渡しましょう。

勤務時間外の部活指導を命じられないことは法的には完全に明らかです。断る障害としてあと残っているのは慣習的なものです。つまり、みんなが「しかたがない」と思っているからです。我々が「しかたがない」と思って引き受けることは、家庭的に追い詰められている他の人に「しかたがない」と思わせるような圧力をかけていることになります。つまり、我々は被害者であると同時に加害者なのです。

部活動の縮小のためにできること

長期戦略的縮小を目指す

最終的には勤務時間外の部活は廃止するか、社会体育に移行すべきだと思います。しかし、教育委員会レベルで音頭を取らない限り実現は難しいと思います。いまの段階で、「勤務時間外の部活は廃止するか、社会体育に移行する」と保護者に言っても理解されません。猛烈な反対運動が起こって収拾がつかない可能性があります。

だから、その前段階として、一部の部を廃止し、部の数を精選しましょう。数が減れば複数の教員で担当することができます。

たとえば、1つの部活に対し、3人程度が顧問となります。大抵の場合、1人が中心になって、指導方針を決めることになるかもしれません。あとの2人はサブ的な役割を果たすのです。そして、放課後の指導は3人でローテーションを組み、順番以外の他の2人は退勤するように校長が指導します。休日の指導も3人でローテーションします。横浜市のように、とりあえずは土日のいずれかを休業日にすることを徹底することを校長が指導するのです。

この程度の縮小だったら保護者にも理解してもらえる可能性は高いと思います。

しかし、部の廃止に対しては反対が起こると思います。

だから、そこのところは戦略的にやらねばならないのです。

先ほど述べたように3人でローテーションを組むためには、部活指導が可能な教員の数を3で割った際の商の数にまで部の数を精選しなければなりません。そこで目標とする数が決まります。次に、地域の社会体育の実態から社会体育に移行できる部活の種類が決まります。この部活が、廃止したら根強い反対を受ける部活だと思います。

いま、各学校の生徒数が少なくなっています。結果として、自然に部員が減って、部として成り立っていない部もあります。そのような部を延命させずに、スッキリと廃部にするのです。もちろん、保護者や子どもに対して、廃部の基準を「事前」に説明します。たとえば、「全学年の部員が10名以下、もしくは1、2年の部員数が、大会に出場できる最低人数を下回った場合は廃部にする」というような基準です。

保護者に戦略的に根回しをする

たとえば、人数が少なくて大会に出場できず、練習だけをやっている部もあります。また、近隣の学校には同じ種目の部がないため休日の試合の時はかなり遠方に遠征しなければならないと、子どもを送迎する保護者の負担も大きいと思います。

その現状を小学校の保護者や子どもに話すのです。具体的には、小学校に中学校教師が出向き、小学校の保護者や子どもの前で話す機会は絶対にあると思います。そこで、「人数が少なくて大会に出場できず、練習だけをやっている部もある。また、近隣の学校には同じ種目の部がないため休日の試合の時はかなり遠方に遠征しなければならない。そうなると子どもを送迎する保護者の負担も大きい」という「事実」を話すのです。子どもや保護者にとって重要な情報を正確に伝えることに問題はありません。

さらに言えば、高校入試のことを考えると、放課後・休日を費やす部活を中学3年まで続けることが難しいため途中で退部する子は少なくないことも話すべきです。社会体育に移行できるような競技でないならば、小学校段階の子どもや保護者に思い入れは強くないはずです。そうなったら、自然と残す部の希望は教職員が考えた方向に進むと思います。

少子高齢化社会である日本では、我々教師がどう思うかにかかわらず子どもの数は減っていきます。そのため人数が少なくて大会に出場できず、練習だけをやっている部や、近隣の学校には同じ種目の部がないため休日の試合の時はかなり遠方に遠征しなければならない部は自然に増えます。それに備えて現状の正確な情報を伝えることは教師として何ら後ろめたいことではないと思います。

第1章（43頁）でも紹介した平成30年2月9日の文部科学事務次官通知には「少子化等により規模が縮小している学校においては、学校に設置する部活動の数について、生徒や教師の数、部活動指導員の参画状況を考慮して適正化するとともに、生徒がスポーツ・文化活動等を行う機会が失われることのないよう複数の学校による合同部活動や民間団体も含めた地域のクラブ等との連携等を積極的に進めること」と明記されています。

部活動の価値をどう位置づけるか？

部活指導がしたい場合

部活指導をしたがっている先生もおられます。そのような方は部活動縮小路線の中でどうしたらいいのでしょうか？　私は社会体育のメンバーとして部を指導したらいいと思います。ただし、その人が転任などした時にその学校の後任者が自動的にメンバーにならなければならない、という流れにはならないようにしなければなりません。

日本体育協会が行った調査（※5）によれば保健体育の教師ではなく、かつ、現在担当している部活動の競技経験がない人が部活の顧問になっているケースは、中学校で45・9％、高校で40・9％です。

部活指導をしたい人にとって、後任者が自動的に部活顧問を引き継がなければならない流れをなくすにはどうしたらいいでしょうか？

その人は自分の学校区外の地域のスポーツクラブに所属したらいいと思います。具体的には自分の住んでいる地区のスポーツクラブの指導者になればいいのです。つまり、その学校の先生という立場で参加するのではなく、地域住民という立場で参加するのです。第2章（68頁）で触れた社会体育です。

教師は2つのことを心に留めるべきだと思います。

第一に、家族を大事にすることです。部活にのめり込んで家族を犠牲にする必要はありません。その意味でも、自分の子どもが所属する社会体育を応援することはアリだと思います。部活指導と家族サービスを両立させるのです。それに地元のチームだったら10年、20年と長期的に安定してかかわることができます。学校の部活だと、やっと部活が順調に動き出した頃に異動ということになってしまいます。

先進国の青少年のスポーツの中心は地域のクラブです。日本ほどスポーツ振興を学校の部に依存している国はありません。たとえば、ＯＥＣＤ（経済協力開発機構）が２０１３年に行った調査（※６）では、課外活動に費やす週あたりの時間は、ＯＥＣＤの平均が2・1時間なのに対して日本は7・7時間と異常に長いです。日本もスポーツの中心を学校部活から社会体育にシフトすべきだと思います。

部活に所属していない子どもの教師でもある

平成29年告示の中学校学習指導要領には「生徒の自主的、自発的な参加により行われる部活動については、スポーツや文化、科学等に親しませ、学習意欲の向上や責任感、連帯感の涵養《かん》等、学校教育が目指す資質・能力の育成に資するものであり、学校教育の一環として、教育課程との関連が図られるよう留意すること」と書かれています。学校教育はとても大事なことを担っていると示されています。そのため部活動を大事にして汗をかいている先生は部活動の意義を語ると思います。しかし、その意義を語れば語るほど、私は「部活動に所属していない子どもはどうするの？」と思ってしまいます。

スポーツ庁の「運動部活動の在り方に関する総合的なガイドライン作成検討会議（第1回）」（平成29年5月）の配付資料（資料2　運動部活動の現状について）によれば、運動部に所属している中学生は平成28年度で65・2％、高校は41・9％います。逆に言えば、中学校で34・8％、高校で58・1％の子どもは運動部に所属していません。その子達の「学習意欲の向上や責任感、連帯感の涵養等、学校教育が目指す資質・能力の育成」はどうするのでしょうか？

授業を改善すべきだ思います。つまり授業によって学習意欲の向上や責任感、連帯感の涵養等、学校教育が目指す資質・能力の育成をするのです。部活動で汗をかいている先生は、子どもを大人に育てようと思って教師になった人だと思います。そう思っていた人も、教室では、毎日の授業では三角関数を教えたり、基礎的文法を教えたりしている。職員室では意義を感じない調査に回答したり、定型的な書類を書いていたりする。これでは「子どもを大人に育てた」という実感を持てません。だから、部活動の指導にその思いを注いでいるのだと思います。

みなさんは『ROOKIES―卒業―』という映画をご存じですか？　感動的な映画です。しかし、私は嫌いです。

この映画のラストには10人の部員たちに顧問教師が切々と語り、部員達は教師に切々と語ります。感動の場面です。しかし、変ではないですか？　たとえば、小中高の担任が卒業式の後、クラスの中の3人だけを残して、「お前たちは俺の夢だ」と切々と語っていたとしたら、どう思いますか?

我々教師は担任している子ども全員に責任を負っています。それなのに、この映画では全編を通して主人公の教師が担当の現代国語を教える場面が全くありません。学園ドラマなのにそもそも非常に変な映画です。教科学習は感動には縁遠いと思われていることを端的に示しています。だから、教師の中には部活の顧問をしたいために教師になりたいと思ったという人もいます。それはおかしいと思います。

私は部活動の教育的意義を否定するつもりはありません。それを通して学ぶことは多いと思います。しかし、それは法の定めに従ってやるべきだと思います。そして、すべての子どもに対して「学習意欲の向上や責任感、連帯感の涵養等、学校教育が目指す資質・能力の育成」をしなければならないと思います。そのためには、授業で部活動の教育的意義を実行するのです。

みなさんはアクティブ・ラーニングの定義をご存じですか? アクティブ・ラーニングという言葉の定義は、平成24年8月28日に中央教育審議会が発表した「新たな未来を築くための大学教育の質的転換に向けて~生涯学び続け、主体的に考える力を育成する大学へ~(答申)」の用語集に書いてあります。

その定義の中で「認知的、倫理的、社会的能力、教養、知識、経験を含めた汎用的能力の育成を図る」という部分が最も大事なポイントだと思います。いままでは知育、体育、徳育のそれぞれは教科学習、体育・保健、道徳・特別活動が別々に担当していました。アクティブ・ラーニングではそれらを一体化しなければならないのです。たとえば、数学の問題を解くことによって、倫理的、社会的能力が育つ授業といったものです。

詳しくは第4章で紹介します。

※5　日本体育協会指導者育成専門委員会『学校運動部活動指導者の実態に関する調査報告書』、日本スポーツ協会、2014年［HP参照］

※6　国立教育政策研究所編『教員環境の国際比較―OECD国際教員指導環境調査（TALIS）2013年調査結果報告書』、明石書店、2014年

校長を動かす、校長が動く

学校経営は難しい

自分でできることを発展させ、管理職である校長も含めて考えてみます。これからの時代、校長先生は大変です。学校教育法の改正により、かなり前（平成12年以降）から民間企業の人を学校長に迎えることはありました。しかし、残念ながら失敗した例は少なくありません。それは学校経営の難しさを理解せず、「民間企業出身だから経営が上手くできるだろう」と迎える側と入る側が安易に解釈したためだと思います。

経営学で有名なドラッカーは非営利組織の経営の方が難しいと述べています。彼は『非営利組織の経営』の中で「非営利機関と企業との基本的な違いの一つは、非営利機関の方が、決定的に重要な関係者をずっと多く抱えているということである。巨大企業は別として、普通の企業にとっては、関係者はごく少なく、従業員、顧客、株主、それだけである。しかし、非営利機関は、きわめて多岐にわたる利害関係者をもっているだけでなく、そのそれぞれとの関係を確立していかなければならない」と書いています。

さらに、ドラッカーは『非営利組織の成果重視マネジメント』の中で「人々は自らが正しいことを行っているとあまりにも強く信じ、目標にあまりにものめりこんでいるため、組織それ自体を目的と見なすようになることが多い。しかし、それは官僚主義的である。『顧客の役に立っているのか』と問いかけずに、『この活動は我々のルールにあっているのか』と問いかけてくる。この態度は成果を得ることを難しくするだけでなく、組織のビジョンと活動をも台無しにしてしまう」と述べています。また、コトラーの言葉を引用しつつ、「多くの組織は自分たちの価値観については明確に理解しているが、顧客の視点や価値観についてあまりよく理解していない」と書いています。

たとえば、部活に関して「土日も部活指導をしてほしい」という保護者の声ばかりを聞いていますが、教員も部活の利害関係者であることを忘れてはいけません。教員の中にも「土日の部活をしたい」という教員もいて、一方で「土日の部活は勘弁してほしい」という教員もいます。保護者の中にも「土日も部活ばかりで家族の時間が取れない。でも、子どもの友達が土日の部活も参加しているので何となく休めない」という保護者もいます。地域の人だって「土日の部活をしっかりやってほしい」という人もいれば、「土日ぐらい静かにしてほしい」という人もいます。

違った要望がさまざまな人にあるはずなのに、いままで通りやっていたことを合理化するモデルのみで理解できたと判断し、利害関係者の多様性を知ろうとしていない校長や教師は少なくありません。

しかし、種々雑多な利害関係者の話を聞いただけでは調整ができません。結果として、みんなの意見を並列に扱ってしまいます。ドラッカーは『非営利組織の成果重視のマネジメント』の中で「45年前、私がNPOの仕事に初めて携わった頃、多くの人々は善意があれば十分だと思っていた。マネジメント、マーケティング、投資利益といった『ビジネス』にかかわる問題は全くといって議論されなかった。今日、非営利組織は、どのような成果を目指すのかを明確に考慮しなければならない。また、非営利団体は、コミットメントと同時に能力を示さなければならない。人々はもはや、『目的の善し悪し』を知ることに興味を示さない。その代わりに、彼らは『何を達成しつつあるのか。これは投資する（寄付やボランティア）に値する信頼の置ける組織か。社会、コミュニティ、個人の生活が、この活動によってどれだけ良くなるのか』を問う。非営利組織が成功しているなら、その活動、すなわち効果的なマーケティング、人材と資金の管理、自らの果たしうる貢献分野について説明することができる」と書いています。そして5つの質問を真剣に考えることを求めています。それは、**「われわれの使命は何か？」「われわれの顧客は誰か？」「顧客は何を価値あるものと考えているか？」「われわれの成果は何か？」「我々の計画は何か？」**です。

学校の使命とは何か？

では、学校はどんな使命を持つべきなのでしょうか？

ドラッカーによれば、使命は何かを考える際に、重要なものとして「Tシャツに記せるほど簡潔である」（『非営利組織の成果重複マネジメント』より）ことが重要なのです。また、数多くの使命を掲げることは、使命がないに等しいとも書いています。

彼は、「最も犯しがちな過ちは、立派な意図をたくさん盛り込んで使命としてしまうことである。使命は簡単、明瞭でなければならない。新たな任務を取り入れるのであれば、古い任務は脇にのけるか、やめなければならない。それほどたくさんのことができるはずないのだ」と『非営利組織の経営』に書いています。考え得るすべての目標を曼荼羅図のように配置した学校のグランドデザインを見るたびに、この言葉を思い出します。

「学校はどんな使命を持つべきなのか？」を考えられるのが経営者であり、校長なのです。そして、多種多様な利害関係者を納得させるのが校長の仕事なのです。

急がねばなりません

本章で述べたような改革の方策に対して反発する保護者もいるでしょう。でも、わかってくれる保護者もいます。その人達と一緒に粘り強く語り続ける必要があます。

年長者が率先して効率のよい仕事、つまり不必要なエネルギーを注がない仕事の仕方をする。そして、それを若い人にオープンにしましょう。言いづらいかもしれないけれど「土日の部活指導は駄目です」と言うのです。残念ながら、「波風立たずに穏便に退職したい、次の学校に異動したい。だから、とりあえず2、3年はこのままで」という管理職もいます。そういう人にとって「仕方がない……」と思ってくれる教師が多いことはありがたい状況なのです。そして、そうすると、何も変わりません。

「土日の部活指導は駄目です」という教員ばかりになったら、校長も困るでしょう。そこで、みなさんから「校長、働き方改革のための中長期の計画を立ててください。それがあれば、協力します」と話してみてはどうでしょうか？　いや、校長こそが先頭に立って声を上げるべきなのです。

いままで述べたように、行政も働き方改革をしようとしています。そして、錦の御旗を与えてくれています。校長も職員がバックアップしてくれると信じられれば行動できると思います。

優れた校長だったら、「土日の部活指導は駄目です」という声が上がる前に、行動をし始めると思います。とにもかくにも時間がありません。子どもが減り、教員が減る。結果として、一人の教員にのしかかる負担は大きくなります。つまり、何もしないということは現状維持ではなく、後退なのです。そして、後退できる余地はなく、すぐ後ろは崖なのです。

COLUMN

したたかにやりましょう

尊敬する友人に「普通の教師でもできる働き方改革とは？」と質問しました。彼の回答は「できないことをできないと言う。無理をしない。できることを時間の範囲内で行う。定刻で帰る。これでクビになることは絶対にないです」でした。

至言だと思います。結局、それに尽きるとも言えます。いまの教員の勤務状況は危機的で、異常です。どんな理由も合理化できません。しかし、長い間の慣習の中で作り上げたものです。打破しなければなりません。

しかし、「異常だ！　おかしい！」と居丈高に主張するのは上手な方法でないことは明らかですよね。やんわりとやればいいのです。

学校が顧問を決めるのには期限があります。一方、あなたの行動の決定には期限はありません。だから、顧問にならないことを決める必要はないのです。顧問になることを決めないことを続かせればいいのです。にこやかに、そして、申し訳ない気持ちを示しながら、「すみません。○○だから無理なんです。伴侶にそれを押しつけることはできません……」と延ばしましょう。

第4章

多忙感を解消する究極の冴えたやり方

すべてがうまくいく究極のやり方

読者の方の多くは私が『学び合い』（二重カッコの学び合い）を提唱していることをご存じなのではないでしょうか？　そして、『学び合い』に対しては賛否両論だと思います。それで結構です。

ここでは『学び合い』の中でも合同『学び合い』を紹介します。あ、待ってください。『学び合い』に抵抗感がある方も、合同『学び合い』には抵抗感がないと思います。なぜなら、週に1回、いや、月に1回でも効果があるからです。それぐらいだったら『学び合い』も受け入れてもらえる方は少なくないと思います。

本章で詳しく説明しますが、合同『学び合い』でやっていることはほとんどすべての教師は何らかの形で実践しています。そして、その効果を実感しているはずです。

部活動を思い出してください。各学年別に分けた部活動を想像できますか？

そんなことをしたら、何においても時間がかなりかかります。また、集団を維持発展するのが困難になるのは自明だと思います。つまり、部活動は合同『学び合い』だと言えるので、その部活動指導のノウハウを分析・整理したものが、合同『学び合い』のノウハウにもなるのです。

今回の学習指導要領の改訂で「カリキュラム・マネジメント」が一気に脚光を浴びることになりました。中央教育審議会の答申「幼稚園、小学校、中学校、高等学校及び特別支援学校の学習指導要領等の改善及び必要な方策等について」（平成28年12月）の中で「主体的・対話的で深い学び」という言葉が59回使われています。一方、「カリキュラム・マネジメント」という言葉は60回使われています。これだけ重視されたのには理由があります。

不遜ながら断言します。**本質的なカリキュラム・マネジメントをするならば全校『学び合い』がベストです**。そして、多忙は減じられなくても、多忙感は大幅に減じることをお約束します。さて、多忙と多忙感の違いとは何でしょうか？

そこから話を始めましょう。

多忙感と多忙は違います

追い詰められている教師

いままでは多忙解消の話をしてきましたが、ここでは多忙「感」解消の話をしましょう。多忙と多忙感は違います。たとえば、サッカーが好きの人がサッカーの練習を2時間やっても心地よい疲れだと思います。一方、無意味だと思う書類を2時間も書かされたら疲れて辛いと思います。つまり、多忙感は物理的な時間や仕事量だけで決まるわけではないのです。

ある研修会で「悩んでいる人を本当に救うのは、勤めている職場学校の教員集団である」と講演したことがあります。

その講演会の後、懇親会で隣に座っていたある先生が、小声で「若手を救おうと思うと、自分も死んでしまう。だから、若手が死んでいくのを、可哀想だけどじっと見ているだけ。現場は、それだけ余裕がないんですよ」と自嘲的に悲しげに言ったのです。これには、本当に衝撃を受けました。その先生は、現場で実践研究を真面目にやっている人だったら知らない人はいないと思われるくらい有名です。人柄の良さも折り紙付きです。その先生が、そのように語るのを聞き、顔には表さないようにしましたが、腰が抜けるほど衝撃を受けました。「あの方でさえ、そうであるならば……」と思いました。それほど現場が悲惨であるとすると、若い人がノウハウ本にすがり、カリスマ教師の講演に宗教のように信仰して参加する気持ちもわかります。

仲間のいる職員室

この話をブログで紹介したら、別な先生から次のような書き込みがありました。

「指導力に問題がある先生は確かにいると思う。しかし、私がかかわってきた先生方を見ると、それほど悲惨な状況ではないと思います。きっと、周囲がそうさせているだけだと思います。自分で指導力がないと考えて頑張っていた、同僚も、いまは一人でしっかりと教壇に立ち、立派な先生としてやっています。彼女を支えてきた教師の仲間達もいましたよ！　教師の指導力不足や若年教師、経験年数が少ない教師に対するフォローは大変貧弱なことも事実でしょう。初任者研修が本当に教師を育てる意味で生きているかも疑問です。でも、私の身近にいて、私もいろいろと成長にかかわった先生方はほとんど例外なく、多くの先生方に支えられて立派になっています。若手や指導力不足の教師をフォローして育てると、ベテランも忙しくなりすぎて共倒れになるから見て見ぬふりをすると言う話は、信じがたい話です。たしかに若い世代と仲良くなることはエネルギーを必要とします。でも、その分エネルギーをもらえばいいだけの話です。結構楽しいです。ですから、必ず世話をする人が現れます。困っている先生をそのまま見捨てるような学校は、病んでいます。指導力不足の先生の内、何とかしたいと考えている先生ならば、全く大丈夫のような気がします。というか、周囲の力でなんとでもなると考えます。」

この声に何か救われたように思います。

病んでいる職員室

このお二人の話をブログで紹介したら、さらに別の先生から後者の話について「言っていることは、わかるようだけど、私にはわかりません。彼の知っている学校は『病んで』いないのかもしれませんが、私の知っている学校は病んでいます。現実問題として、私はいま、困っている先生を助けずに溺れていくのを見ぬふりしています。『大丈夫？』とは言えることはあっても、一緒に考えたり、相談にのったりする時間はありません。正直言うと、こっちが聴いて欲しい状況です。たまりにたまって教頭に話すと、教頭が私以上に苦しんでいることを知るのでした。とにかく病んでいるんです。」と書き込みがありました。

辞めてゆく教師

現場のことを説明してくださったこの３人の先生方は人柄も力量も折り紙付きで

す。しかし、三者三様の現実の中にいるのです。文部科学省の平成25年3月の「教職員のメンタルヘルス対策について（最終まとめ）」（参考資料）によれば、在職者に占める精神疾患による病気休職者の割合は10年で2倍になっています。悲惨なのは若手ばかりではありません。同じ資料によれば、精神疾患による病気休職者の割合は40歳代、50歳代で最も高く、20歳代の約2倍です。つまり、若手を見捨てていると言っていた中堅層の先生の方が病んでいる可能性は高いのです。

大学でゼミ生に常に話していることがあります。それは、「学級崩壊しても職員室の居心地が良いと辞職しない。でも、学級が上手くいっても職員室の居心地が悪いと辞職する。年上の先生に可愛がられなさい」ということです。怖い話ですが、定年退職や懲戒免職・死亡退職等以外の本人の希望による退職者は全退職者の4割弱を占めているのです（総務省　平成28年度地方公務員の退職状況等調査）。

お茶飲み場のコミュニティ

私が高校教師であった時のことです。職員室の隣の部屋にお茶飲み場があり、そこでお茶を飲むのが大好きでした。それは、馬鹿話の中にためになる先輩の話を聞くことができたからです。私が失敗した時、落ち込んだ時、先輩教師から「俺も○○ということあったんだよな～。その時は、○○で……」とその先生の失敗談、そして解決の方法などを、クラスの様子がありありとわかるようなエピソードで聞かせてもらいました。先輩教師の教科はさまざまです。その時は教頭先生は英語、50代の先生は数学と社会、40代の先生は国語、30代の先生は体育でした。私は理科の教師でしたが、その先輩教師との会話に教科が異なることによる違和感を持つことはありませんでした。それは、先輩教師が語ってくれたのは教科学習の場面ではありますが、教科の内容ではなく、教科を学ぶ子どもの姿（そして教師の姿）だったからだと思います。

そもそも、第3章で述べた「調査の回答の仕方」や「書類づくり」のノウハウを私は先輩から教えてもらいました。先輩から教えてもらった時は、「それでいいのか？」と思いましたけど、先輩がいいと言っているだから大丈夫だと思いました。仮に、他の人に何か言われたら、その先生が「まあ、いいじゃない」と言ってくれると思ったからです。しかし、そんな状況がいま、成り立っていないのではないでしょうか？

なぜ成り立たないのかを説明したいと思います。

多忙感の原因は職員室の年齢構成

年齢構成で決まる話し合い

何で精神疾患による病気休職者の割合が急激に増加しているのでしょうか？　私は職員室の年齢構成が原因だと思っています。我々が行った研究（※7）が根拠です。異学年学習の総合的な学習でのグループの学年構成が子ども達の人間関係にどのような影響を与えるかを調査した研究で、次のような結果でした。

総合的な学習の時間において子ども達に自由にグループをつくらせ、そのグループでの会話を記録して分析しました。その結果、どの学年であっても、また、どの学年の組み合わせであっても関係なく、どれだけ多様な学年でグループが構成されるかによって、そのグループの会話の構成は決まることがわかりました。

1つの学年で構成されたグループは、最初は仲良く話し合えます。ところが意見の対立が起こると、それ以降、議論に負けた方は黙ってしまいます。結局、一部の子どもだけが話を進めることになってしまうのです。これはどの学年であっても同じです。

2つの学年で構成されたグループは、上の学年が下の学年の言うことを聞かず、どんどん進めてしまいます。結果として、上の学年は「何でもかんでも自分がやらなければならない」という負担感を感じ、下の学年は「何でもかんでも勝手に決められてしまう」とイライラします。これはどの学年の組み合わせでも同じです。

ところが、3つ以上の学年で構成されたグループでは良好な関係を維持し続けます。

これを教員に置き換えてみてください。同期の先生はライバルでもあります。たとえば、子ども達からもらうバレンタインチョコレートの数を気にしませんか？　年長の先生と2人で学年を組むと圧迫感がありませんか？　逆に、若手の先生と2人で学年を組むと、「なんでここまで世話しなければならないの？」と思いませんか？

良い学校というのは、「中堅が考え、若手が走り、ベテランが守る」という構図になっているのだと思います。

学校教員統計調査（文部科学省　平成28年度（確定値））によれば、現在の小学校教員の年齢バランスは40歳から45歳が最も少ないフタコブラクダ型になっています。中学校教員の場合は35歳から40歳が最も少ないフタコブラクダ型になっています。

コミュニティを意識的につくらねばなりません

広島大学の山崎博敏さんによれば（文科省有識者会議配付資料　平成28年9月）、昭和54年に2万3０００人の小学校教員、昭和57年に1万6０００人の中学校教員を採用しました。しかし、少子化に対応し採用を手控え平成12年度では小中で約6０００人しか採用しなかったのです。そして最近は少人数学級・大量退職に対応した大量採用をしています。

その結果として職員室が中堅層不在の2学年化しているのです。これは小規模校の場合は顕著になります。結果として現在の職員室の教育力は下がってしまいます。そして、山崎博敏さんによれば平成31年の約2万5０００人がピークで、その後は急激に採用を手控えることになり、平成37年度は1万7０００人までに減少すると予測しています。つまり、この見通しでは今後もフタコブラクダ型は繰り返されるのです。

いま、職員室における教育力は低下しています。そのため昔だったら当然のように先輩から教えてもらった「手の抜き方」を教えてもらっていないのです。昔は、子どもの病気で年休を取る場合は関係する先生に「すみません、ご迷惑をおかけします」と言うと、「いいのよ、お互い様だから。それより、お子様お大事にね」と、その先生に言ってもらえました。授業や学級のこと、保護者のことで失敗した時や落ち込んだ時、愚痴を聞いてもらえました。そして、魔法の言葉を言ってもらえたのです。

魔法の言葉って何だと思いますか？

「私もそんなことあったよ。大丈夫、あなた一人じゃない」という言葉です。これほど励ましてくれる万能な魔法の言葉はないと思います。

人口増加への対応で教師を大量に採用し、一つの学校に多くの先生がいた頃は経験を伝授できるような年齢の多様性と職員のゆとりが担保されていました。でも、いまは違います。だから、意図的に職員間の関係を構築する仕組みが必要なのです。

※7　西川純・山田純一「異学年同士が学び合う有効性」、『学校教育研究』、日本学校教育学会、20号、189―200頁、2005年

合同『学び合い』とは？

週イチ、二週に一回程度から始めましょう

意図的に職員間の関係を構築する仕組みとして、合同『学び合い』を紹介します。本章冒頭に書きましたが、この本をお読みになっている方の中には、私が『学び合い』（二重カッコの『学び合い』）を提唱していることをご存じの方もおられるでしょう。そして、それに対して賛否両論であると思います。

『学び合い』に対して懐疑的になるのは当然です。安心してください。私だって、20年前に『学び合い』を見たら疑問に思うことは確実です。なにしろ、板書はしない、発問はしない、授業時間のほとんどは子ども達が立ち歩いている授業です。変だと思うのは当たり前です。

しかし、学習指導要領で「主体的・対話的で深い学び」を求めるいま、週に1時間、いや、2週間に1時間ぐらいだったら、「それもアリ」と受け入れられるのではないでしょうか？

いままでも、講義形式である程度教えて、まとめの時間にプリントを配付し子ども達に学ぶ時間の使い方を任せた経験のある方は少なくないと思います。それと同じだととりあえずお考えください。**まずは「主体的・対話的で深い学び」に取り組まなければならないのです。**

やり方は簡単です。まず、大きめの部屋（大人数の場合は体育館）に2つ以上のクラスを集めてください。集めるクラスは異学年でも結構です。一緒にやる先生は異教科でも結構です。自習問題、復習問題はいままでも作成していたと思いますので、それを作ってください。注意してほしいのは、課題はクラスごとに違う点です。前の授業の次の単元を課題としてください。夏休みの課題を図書館に集まって子ども達同士で教え合う姿をイメージしてください。そこには違った学年の子が、各々の教科の課題を持ち寄ります。

ただ、いままで時間をもてあまさないように問題数を多く設けていたのとは違い、これからは1時間ぴったりとは要さない問題数で作ります。同じような問題を削除し、精選します。目安としては成績がトップの子どもが15分（小学校の中学年、低学年だったら12分）ぐらいで解ける問題数にするのです。問題のレベルを下げる必要はありません。ちなみに小学校で『学び合い』をやる場合は、算数で始める学校が多いです。その場合、課題例が載った本（「小学校算数『学び合い』を成功させる課題プリント集」〈東洋館出版社〉）などを利用するとよいです。

実践例は次のとおりです。まず参加する教師の各々の課題を黒板に貼り出します。そして、各々のクラスの子ども達の名前が書いてあるマグネットプレートを黒板に貼る方法です。具体的な進め方は、黒板を2つに分け、一方に「まだ」と書いて大きな円を書き、まずその中に全員分のネームプレートを貼ります。他方に「できた」と書いて大きな円を書きます。そして、次のように語るのです。

授業を部活にする

「今日は2クラス合同だから、それぞれのクラスがチームになる授業をやるよ。今日の課題は、ここにいる全員が問題を解けること。自分が問題を解けたら終わりというわけではない。チーム全員が解けることが課題だよ。教卓に答えを置いておくから、解けたら答え合わせをしてね。間違ったら、机に戻って書き直してください。黒板に「できた」という円が書いてあるね。全部解き終わったら、自分の名前が書いてあるマグネットシートを、その中に移動してください。こうすることによって、クラスの誰がまだ解き終わっていないか、クラスの誰が解き終わっているかがわかるね。これを見ながらわからない人に教えに行ったり、わかっている人に聞きに行ったりしてください。どこに行っても、相談してもOKです。全員が頭を使って全員達成をしてください。どうぞ始めて。」とやるのです。

そして、授業終了5分前には自席に戻らせて、その日、どのように学んだかを評価するのです。詳しい補足は他にもありますが、簡単にいえば前述のとおりです。

ビックリするかも知れませんが、このやり方は、みなさんも既に経験しています。それは部活です。たとえば野球部を想像してください。練習の時、指導者は延々と喋って教えていますか？　そんなことはないですね。その日の練習で注意すべきことを語って、あとは子ども達に自主的にやらせていると思います。強いチームの監督は「頭を使った」野球を強調しています。だから、練習プログラムも子ども達に考えさせています。また、「全員」野球を強調していると思います。公立の学校はどこも同じような運動経験の子どもが入ってきます。その中で勝てるチームになるには頭を使った全員野球しかありません。

練習中に監督は、子ども達の間をゆっくりと見回っています。そこでは細かな技術チェックではなく、チームとして頭を使っているか、「全員」を意識しているかをチェックしています。そして練習の最後に何を語るのでしょうか？「だれだれのグリップの握り方が駄目だ」というような注意はしません。そんなことまで言っていたらキリがありません。チームとして頭を使っていたか、全員を意識していたかを語ると思います。

このように部活でやっていることを教科学習でやっているのが『学び合い』なのです。だから、最初は戸惑っても、しばらくすると「な～んだこれか」とわかるはずです。

教員同士の協働ができるやり方

教師同士も学び合いが必要

合同『学び合い』の実践例は動画も公開されているので参考にしてください（※8）。

また、細かいテクニックやこれから説明することの詳細は『今すぐ出来る！　全校『学び合い』で実現するカリキュラム・マネジメント』（明治図書）をお読みください。また、『学び合い』自体のテクニックは、『クラスがうまくいく！『学び合い』ステップアップ』（学陽書房）、『週イチでできる！　アクティブ・ラーニングの始め方』（東洋館出版社）、『『学び合い』を成功させる教師の言葉かけ』（東洋館出版社）をお読みください。

さて、なぜ、合同『学び合い』をすると多忙感解消になるかをご説明します。

その理由は教師同士がいろいろと話せるところです。

たとえば、運動部の練習をイメージしてください。顧問と副顧問は立ち話をできますね。自分が直接教えていなくても子どもの様子を話すことを糸口に、教科指導の話もできます。いままでのような板書発問のある授業では授業参観していないと教師は話し合えません。しかし、合同『学び合い』ならばいろいろと話すことができるのです。

我々の研究室では合同『学び合い』における教師の会話を分析しています。それによれば、最初は年長の先生が若手の先生に話しかけるときは「教えてあげよう」というスタンスなのです。そして、若手の先生は黙って聞いているだけです。ところが、会話の回数を増やすと対等に話し合うようになります。なぜなら、お互い接している子どもの姿を話し合うからです。

教材の話題だったら、若手がベテランに何かを語ることは難しいと思います。だから、ご意見拝聴になってしまいます。ところが、いま、目の前にいる子どもについてだったら若手も何らかのことを言えます。たとえば、「合同『学び合い』で先生のクラスの○○君がこれこれのことをしたんです」と言えば、それを見ていなかったベテランの先生が「へ〜。そんなことあったんだね。もっと詳しく教えて」となるのです。

そんな会話を積み上げるうちに、その先輩教師と打ち解けてきます。そうなると雑談もするようになります。

仲良くなるきっかけは仕事

たとえば、教員研修センターに行く場合、面識のない先生とグループを組むことはあると思います。そうすると、何を話したら良いのかわからないときもあると思います。そんなとき、センターの指導主事の人から「あなたの抱えている悩みを班で共有してください」と言われたらどうでしょうか？　おそらく話は盛り上がりません。しかし、指導主事の人から「班で、今回の研修内容を２００文字でまとめてください。」という課題を与えられたらどうでしょうか？　おそらくできると思います。

懇親会では、既に仲良くなっている人と、さらに仲良くなることはできます。でも、これまで親しくない人とその場で仲良くなることは難しいです。だから会が進むと、結局、既に仲の良いもの同士で集まって話すようになるのです。

これまで関係がないもの同士で親しく関係を結ぶには、一緒に仕事をすることです。教師の仕事は授業です。だから、一緒に授業をすれば良いのです。

いままでの研究授業は誰かが授業をして、その他が見ている。そして、授業後に検討会という流れです。こうなると授業者対参観者の構造になります。そのため、建設的なアドバイスも否定的な非難に聞こえてしまうこともあります。ところが一緒に『学び合い』をすれば、全員が授業者で、全員が参観者になるのです。だから、授業者対参観者の構造にはなりません。

それに、やり取りのしやすい関係を築けていれば、年休の申請もお互い様で出しやすくなるのです。

合同『学び合い』なら課題さえあれば、複数クラス合同でやればいいからです。そして、誰も自習監督にならなくてもいいのです。だから、年休も取りやすくなるのです。

※8　「西川純の部屋」をインターネットで検索してください。「『学び合い』を学びたい方へ」→「『学び合い』動画」を開くと異学年集団での『学び合い』の動画があります。

子ども達の関係性が活性化する

異学年で合同『学び合い』をやると、下の学年の子どもは教えてもらえるからいいけれど、上の学年の子どもには負担になってしまうのではないかと心配する方はいます。しかし、そうなりません。我々の調査によれば、異学年集団で『学び合い』をやると、ほとんどの会話は同学年同士のものなのです。

考えれば当然の結果です。同学年同士だったら、「これ教えて」と課題を見せるとすぐに相手の課題を理解してくれます。ところが異学年同士の場合、相手の課題を見て理解するのに時間がかかるので自然とやり取りが少なくなります（ただし、上の学年だけが教えるという構図になることはありません。その原因と、その解決方法は先に挙げた書籍『今すぐ出来る！　全校『学び合い』で実現するカリキュラム・マネジメント』に詳しく書いてあります）。

同学年同士の会話が主なのに、何で異学年にする必要があるのでしょうか？

それは、大きく言うとホモサピエンスは「関係」の生物だからです。

たとえば、やんちゃな上級生も下級生の前では良いところを見せようとします。やんちゃな下級生も教師から注意されると反発するけれど、上級生から注意されると従順に従うようになります。それに、同学年だけの時は仲が悪いもの同士が、異学年の時は折り合いをつけて一緒にやるようになります。

部活の話を例にしますが、各学年別々に練習させるのと、一緒に練習させるのとどちらが楽ですか？　そして効果がありますか？

一緒にするべきであることは自明だと思います。各学年が別々の練習をしているときでも、そこに別の学年がいるということは明らかに影響します。

いままでの授業は、一人の教師に一つの指導を徹底させるのだから「少数・均質」の方がやりやすい、として少人数・習熟度別指導が典型的です。ところが『学び合い』は自律的な集団を創るものです。だから、「多数・多様」の方がやりやすいのです。現実の子ども達は「多数・多様」なのですから『学び合い』の方が自然です。

受験対策にも直結できる

「異学年の『学び合い』が受験対策になる」って言ったらビックリしませんか？

そもそも、受験で結果を出すために教師がすべきことは何だと思いますか？　多くの方は、優れた教材と指導だと思うでしょう。しかし違います。

教師の考える優れた教材・指導はどれほどの子どもにフィットするでしょうか？　子ども達の中には東京大学に進学しそうな子もいる一方、学習障害が疑われる子もいます。どれほどの習熟レベルの子にフィットするようにしているのでしょうか？

おそらく、多くの教師は成績で中もしくは中の下に合わせていると思います。上位層に合わせれば大部分の子どもはわからない。下位層に合わせれば大部分の子どもは退屈する。だから中位層に合わせる。しかし、中の下の子が首をかしげると心配になるので中の下に合わせていると思います。

学習塾・予備校に行っている子どもは中学校1年で34・8％、2年で41・6％、3年で62・0％です（※9）。そのうちの上位層にとって、クラスでの成績中位層に合わせた教師の課題はやさしすぎ、クラスの下位層には難しすぎることになります。

受験の結果を出すには、ずばり「早く受験勉強を始める」に尽きます。「2年の時から始める」「3年の1学期から始める」「夏休みから始める」「2学期から始める」どの時点で始めるか決まります。

想像してください。異学年集団の子ども達に、「君達はチームだ」と連呼すれば、上級生が「受験勉強は早く始めたら良いよ。これこれの問題集が良いよ」と言うと思いませんか？　事実そのように言います。中学生も高校生も、そして中学校受験をする小学生も、なかなか受験というものにリアリティを持てません。**そんな時、先輩からのリアリティのある一言は、教師の「勉強しなさい」の声より影響力があります。**

全員の前で「上級生のがんばりが下級生の可能性を開く、下級生のがんばりが上級生を押し上げる。君らはチームだ」と語ったら、上級生も下級生もがんばります。

※9　「第2回子ども生活実態基本調査報告書」Benesse 教育研究開発センター（2010年）

小規模校を救う方法

固定化した人間関係の打破

これまで説明してきた合同『学び合い』、それを発展させた全校『学び合い』は、小規模校の場合、絶対にやらなければならないことだと思っています。少子化の結果、各学年1クラスの小学校、中学校はどんどん増えています。1クラスだとクラス替えのしようがありません。もしかしたら、幼稚園から中学校まで、ず〜っと同じメンバーということになってしまいます。

そういう集団は非常に安定しています。その中での序列・役割を維持していれば良くなります。成績上位者は手を抜いても上位者であり続けられるので手を抜きます。成績下位者も下手に勉強して「下位者」という定まった役割から離れることが怖いのでがんばりません。ところが進学した先には、大規模校出身の子どもが大部分を占めていると、慣れ親しんだ位置・役割を維持できずドロップアウトしてしまいます。とくに、元成績上位者の落ち込みは悲惨です。

だから、多様な人間関係で学ぶ経験をさせてあげなければならないのです。しかし、各学年1クラスだと人間関係が固定化してしまいます。そこで異学年集団で行うというわけです。

小規模校でも、全校レベルで一緒になれば人数も多様性も一気に上がります。小規模校なら比較的少人数を相手に手厚い指導も可能です。しかし、それだけでいいのでしょうか？　全国学力テストでかなり高得点の小規模校があり、そのことを知っている進学先の中学校では期待していたのですが、その小規模校出身者の入学後の成績は全然振るわないのです。その小規模校の全国学力テストの点数は子ども達の実力ではなく、その学校の先生方の実力だったのです。進学するといままでのような家庭教師状態の教育が継続しないので成績が振るわなくなったのです。

教師には多様な集団でも潰れない子どもに育てる義務があると思います。

変則的な指導法の解消

小規模小学校には行いがちな特有の変則的な授業やカリキュラムがあります。でも、それを解消することはできます。たとえば、複式学級では「わたり」と呼ばれる授業があります。まずある学年に教えて課題を出し、その学年の子どもが課題を解いている時間にもう一方の学年に教え課題を与える、その学年の子どもが課題を解いている時間に……、ということを繰り返す指導法です。状況対応が難しく、かなり綱渡り的な授業になります。でも、異学年合同の『学び合い』だったらそれを解消できます。

またABカリキュラムも解消できます。ABカリキュラムとは、ある年に3年生の授業を3年生と4年生が学び、次の年には4年生の授業を3年生と4年生が学ぶ、これを繰り返す指導法です。これだと学ぶ順序に整合性がなくなる危険性があります。それに他の学校と進行が違うので子どもが転校するときに困ります。これも異学年合同の『学び合い』で解消できます。

劇的な多忙解消

全校合同『学び合い』は小規模中学校の多忙解消もできます。

たとえば、各学年1クラス規模の中学校だったら社会の先生は1人ぐらいです。もし、3学年の合同『学び合い』をしたら担当時間数は3分の1になります。でも、「そんなこと可能なのですか?」と思っているあなたのために説明します。冒頭は無味乾燥に感じられる法令について述べますが、まずはつきあってください。

学級の編成に関しては、学校教育法施行規則第121条に「特別支援学校の小学部、中学部又は高等部の学級は、同学年の児童又は生徒で編制するものとする。ただし、特別の事情がある場合においては、数学年の児童又は生徒を一学級に編制することができる。」と定めがあります。それを受けた「小学校設置基準」の第5条に「小学校の学級は、同学年の児童で編制するものとする。ただし、特別の事情があるときは、数学年の児童を一学級に編制することができる。」とあります。また、「中学校設置基準」の第5条に「中学校の学級は、同学年の生徒で編制するものとする。ただし、特別の事情があるときは、数学年の生徒を一学級に編制することができる。」とあります。

しかし、第5条の「学級」は第6条の「小学校に置く主幹教諭、指導教諭及び教諭（以下この条において「教諭等」という。）の数は、一学級当たり一人以上とする。」、及び、「中学校に置く主幹教諭、指導教諭及び教諭（以下この条において「教諭等」という。）の数は、一学級当たり一人以上とする。」に関わりますが、学習方法に関しての規定はないのです。

「公立義務教育諸学校の学級編制及び教職員定数の標準に関する法律（義務教育標準法）」の第3条（学級編成の標準）において、小学校では16人以下（第1学年の児童を含む学級にあっては、8人以下）、中学校では8人以下の場合は、2の学年（以下、複式）にしなければならないと定められています。

しかし、3学年、4学年、それ以上の学年で複式を編成してはいけないとは法には書かれていません。また、小学校で17人以上、中学校で9人以上であったとしても複式にしてはいけないとは書かれていないのです。

ただし、同法第4条、第5条には、教育委員会の同意が必要であることを述べています。

しかし、同法での学級編成は第6条以降の教員数の算定の根拠となる数字で、学習をどのように進めるかを規定しているものではないのです。

高等学校では義務教育の規定と異なります。「高等学校設置基準」での大きな違いは学級編成ではなく、学習をどのように進めるかを規定している点です。しかし、第7条に「同時に授業を受ける一学級の生徒数は、四十人以下とする。ただし、特別の事情があり、かつ、教育上支障がない場合は、この限りでない。」とあります。高等学校においても、特別の事情があり、教育上支障がない場合はこれ以外の編成も許されるとされています。

以上、まとめると以下を制限する国の法令はないということがわかります。

2年1組の担任（教科担任も含む）Aと2年2組の担任Bが合同で授業をする。（また、それ以上の同一学年のクラスで合同する）

1年1組の担任Cと2年2組の担任Bが合同で授業をする。（また、それ以上の異学年のクラスで合同する）（ただし、各学年の学習内容に基づく授業をする）

1人の教師が、同一学年の複数のクラスを同時に授業する。

1人の教師が、異なった学年の複数のクラスを同時に授業する。

しかし、法令の運用は「人」が行っています。ここにまとめた点を実現できるか否かには、政治が必要です。

小・中の各新学習指導要領の最初に「各学校においては、教育基本法及び学校教育法その他の法令並びにこの章以下に示すところに従い、児童（生徒）の人間として調和のとれた育成を目指し、児童（生徒）の心身の発達の段階や特性及び学校や地域の実態を十分考慮して、適切な教育課程を編成するものとし、これらに掲げる目標を達成するよう教育を行うものとする。」とあります。

つまり、義務教育標準法によって算定される数の教員によって行われる具体的な教育課程を編成するのは校長です。

しかし、「地方教育行政の組織及び運営に関する法律」の第21条には学校の教育課程を教育委員会が管理し、及び執行するとあります。

つまり、先ほど長々と書きましたが、異学年での学習は法令に違反しておらず、教育効果があることを校長がちゃんと教育委員会に説明すればいいのです。

まあ、いきなりすべての授業を異学年と行うことに抵抗感はあったとしても、週イチ程度から行うぶんに取り組みやすいでしょう。また、法令に違反していないことを校長がやる場合、それを教育委員会が拒否することは考えられません。行政の指導は法令に基づくものだからです。

小規模校の子ども達の苦しさを変えられる

私の勤務している上越教育大学のある上越地方には小規模校が数多くあります。そのため各学年1クラス、全校6学年で百数十人程度の学校は中規模と分類されます。つまり、その多くが小学校の間、いや、小中学校の間、ずっと同じメンバーでクラスを組みます。

本節の冒頭に述べたように、そのような学校での子ども達はお互い気心を知り尽くしています。そのため、言葉を交わさなくても以心伝心で伝わります。糸魚川市には全校9名の小学校があります（平成29年度）。そのような小規模校で指導力のある教師が担任をしたならば、究極の少人数指導が成立します。普通だったら落ちこぼれてしまう子どもも、教師の丁寧な指導で落ちこぼれません。

もし、目の前にいる子どもの姿だけを視野に入れているならば、小規模校はパラダイスとも言えます。ところが、その子達は卒業後はどうなるでしょうか？

小規模校ではずっと学年トップを維持していたのに、進学先で成績中位に落ちてしまい投げやりになってしまう子もいます。

知らない同級生の中で周りに声をかけられず、だんだん孤立してしまう子もいます。

その責任は進学先の学校だけにあるのでしょうか？

小規模校ですべきことがあったのではないでしょうか？

カリキュラム・マネジメント

先に『今すぐ出来る！　全校『学び合い』で実現するカリキュラム・マネジメント』（明治図書）を紹介しました。しかし、全校『学び合い』とカリキュラム・マネジメントがどう繋がるのか、みなさんはまだわからないと思います。

みなさん、アクティブ・ラーニングとは何だと思いますか？　残念ながら、いまだにグループ学習・班学習をすれば良いと思っている人は少なくないと思います。しかし、そんなごまかしは効きません。入試問題は変わるし、採用試験も変わるのです。だから、徹底的に子ども達が主体的・対話的にならなければならないのです。たとえば、「あなたは自分の腎臓を売って良いですか？」というような問題に答えられなければならないのです。これはケンブリッジ大学医学部の入試の問題です。このような正解のない問題に答えられる人材が国際的な上位校で求められているのです。

それに、大学進学にかかわらず、職場や地域社会で仕事をするためには経済産業省の提唱する「社会人基礎力」が必要とされています。「社会人基礎力」とは経済・産業界がまとめた採用したい人材に求める能力です。その中では人と関わる能力が重視されています。この点は本節末で紹介する書籍を参照してください（※10）。

さて、話は戻りますが、全校『学び合い』とカリキュラム・マネジメントがどう繋がるのかを考えましょう。

みなさん、カリキュラム・マネジメントって唐突に出てきたと思いませんか？　アクティブ・ラーニングは中央教育審議会で前々から出ていましたが、カリキュラム・マネジメントは当初は表に出ていませんでした。それが最終答申になるとアクティブ・ラーニングより前面に出るようになりました。今回の答申である「幼稚園、小学校、中学校、高等学校及び特別支援学校の学習指導要領等の改善及び必要な方策等について」（以下、平成28年答申）にはアクティブ・ラーニングという言葉は31カ所あります。それに対して、カリキュラム・マネジメントは60カ所もあります。

カリキュラム・マネジメントも前からありました。「幼稚園、小学校、中学校、高等学校及び特別支援学校の学習指導要領等の改善について（答申）」（平成20年1月）

（以下、平成20年答申）には、次のようにあります。

（教育課程におけるPDCAサイクルの確立）

○　これまで述べてきた教育課程や指導についての評価とそれに基づく改善に向けた取組は、学校評価と十分な関連を図りながら行われることが重要である。学校評価等を通じて、学校や設置者がそれぞれの学校の教育の成果や課題を把握し、それを改善へとつなげることが求められる。

○　このように、学校教育の質を向上させる観点から、教育課程行政において、

①学習指導要領改訂を踏まえた重点指導事項例の提示

②教師が子どもたちと向き合う時間の確保などの教育条件の整備

③教育課程編成・実施に関する現場主義の重視

④教育成果の適切な評価

⑤評価を踏まえた教育活動の改善

といった、Plan（①）―Do（②・③）―Check（④）―Action（⑤）のＰＤＣＡサイクルの確立が重要である。各学校においては、このような諸条件を適切に活用

して、教育課程や指導方法等を不断に見直すことにより効果的な教育活動を充実させるといったカリキュラム・マネジメントを確立することが求められる。

このパラグラフ一カ所に書かれているだけです。今回の平成28年答申では、カリキュラム・マネジメント」の三つの側面として次のように示しています。

①各教科等の教育内容を相互の関係で捉え、学校教育目標を踏まえた教科等横断的な視点で、その目標の達成に必要な教育の内容を組織的に配列していくこと。
②教育内容の質の向上に向けて、子供たちの姿や地域の現状等に関する調査や各種データ等に基づき、教育課程を編成し、実施し、評価して改善を図る一連のＰＤＣＡサイクルを確立すること。
③教育内容と、教育活動に必要な人的・物的資源等を、地域等の外部の資源も含めて活用しながら効果的に組み合わせること。

平成28年答申と平成20年答申を比較すると、平成28年答申の①と③で述べていることとが、平成20年答申と違います。つまり、カリキュラム・マネジメントがこんなに扱いが変わった理由も①と③にあると解釈できます。

ここまでの本書の話を把握していれば③が働き方改革に関係する、いや、関係させなければならないことは自明だと思います。では、①はどう解釈したら良いでしょうか?

もし、アクティブ・ラーニング、また、「主体的・対話的で深い学び」を単なるグループ学習の延長上にあるのではなく、激変する大学入試、就職に関わるものだと考えると劇的な意識改革が教師に求められていることがわかります。しかし、そんなことをいまの段階で理解できる教師は少数派です。

だから、教師の中で学び合わなければならないのです。**教師同士がアクティブ・ラーニングで学び合い、主体的・対話的であらねばならないのです。だから、私はカリキュラム・マネジメントとは教師にとってのアクティブ・ラーニングだと思っています。**

中学校、高校は教科縦割りです。小学校も教科部会で分かれています。もし、その学校でアクティブ・ラーニングの真意を理解した教師が数学の先生だったとします。そうしたら数学の先生間には広がるでしょう。でも、他教科には広がらない。それでは学校は変わらない。それでは駄目なのです。だから、教科横断が求められるのです。

では、それが中央教育審議会答申の真意なのでしょうか？　いや、中央教育審議会の真意は存在するのでしょうか？　委員の方々の名前と経歴を眺めてみてください。多種多様です。学校現場の人もいます。大学研究者もいます。経済・産業界の人もいます。それぞれの分野でトップの人達です。その人達が話し合って、すんなりと一つの共通理解になると思いますか？　私は思いません。その中で答申をまとめるとなると、両論併記、三論併記……となります。だから、同じ言葉をさまざまに表現し、答申が長くなります。つまり、答申の真意は委員の人数だけあると思います。だから、子どもの未来のために何が必要かを理解して教師自らがいま必要な教育を創造すべきだと思います。答申はそういう場を提供していると解釈すべきだと思います。

※10　『2020年　激変する大学受験！』（学陽書房）、『親なら知っておきたい学歴の経済学』（学陽書房）、『アクティブ・ラーニング入門』（明治図書）、『サバイバル・アクティブ・ラーニング入門』（明治図書）

COLUMN

効果が実証された方法

みなさんが学校でアクティブ・ラーニング（もしくはアクティブ・ラーニングの視点から「主体的・対話的で深い学び」の実現）を推進する人だとします。アクティブ・ラーニングもさまざまあります。学校で取り組むアクティブ・ラーニングを選ぶ場面を想像してください。

まず、参考とする本が用意されていなければなりません。あなたの得意な教科では教えられるでしょうが、不得意な教科はどうですか？　もし、教科制である中学校や高校だったら教えられませんね。でも、「本があれば良い」とも言えません。もし、それぞれの教科ごとに取り組むアクティブ・ラーニングの理論と方法論が違っているならば学校として協働して進めません。せいぜい iPad などのツールの使い方に留まります。だから、理論と方法論が一貫するさまざまな教科の本が用意されていなければなりません。もちろん、それは効果があるものでなければなりませんね。効果があるとしたら。全国的に実践している人がいるはずです。そして、それは売れているので書店にあるはずです。

お近くの大きな都市にある大きな書店に行ってください。さまざまな教科で一貫した理論と方法論が用意されているアクティブ・ラーニングの本を探してください。私の知る限り一つしかありません。

あとがき

世の中には「もし、自分の子どもと教え子が同時に交通事故に遭ったら、私は教え子を優先する」と胸を張って語る教師がいます。それは「大間違い」です。そして、「その程度しか我が子を愛せない人に他人の子どもを愛せるわけがない」と思います。

社会生活で子ども達が身近に接する大人は教師です。だから、我々教師は自身の健全な家庭生活・社会生活を得て、それを子どもに見せなければならないのです。そして、楽しげに職場のこと、家庭のことを語らなければなりません。そうしなければ、子ども達が大人になりたいと思いますか？　就職したいと思いますか？　家庭を持ちたいと思いますか？

教師がブラックな労働環境を脱することに引け目を感じる必要はありません。胸を張りましょう。

最後にお願いです。

ぜひ、本書を保護者の方にも紹介してください。事実を知ってもらうことは、もしかしたら苦い薬かもしれません。しかし、教師のがんばりで何とかできるリミットはもうすぐそこに迫っています。完全な自壊を起こす前にソフトランディングさせねばなりません。そうしなければ、我々の孫の世代（実際は子の世代も含む）にはどうしようもなくなります。現状と将来を見据えることができ、リミットのことがわかる保護者はおられます。未来と今のために保護者とも腹を割って話し合いましょう。

２０１８年５月

上越教育大学教職大学院教授
西川　純

著者紹介

西川 純（にしかわ　じゅん）

1959年、東京生まれ。筑波大学教育研究科修了（教育学修士）。都立高校教諭を経て、上越教育大学にて研究の道に進み、2002年より上越教育大学教職大学院教授、博士（学校教育学）。前・臨床教科教育学会会長。全国に『学び合い』を広めるため、講演、執筆活動に活躍中。主な著書に『すぐわかる！　できる！　アクティブ・ラーニング』、『2020年　激変する大学受験！』、『2030年　教師の仕事はこう変わる！』（いずれも学陽書房）、『高校教師のためのアクティブ・ラーニング』（東洋館出版社）、『アクティブ・ラーニング入門』（明治図書）ほか多数（なお、西川に質問があれば、jun@iamjun.comにメールをください。誠意を持って返信します。真面目な方からの真面目なメールに対しては、誠意をもって返信します）。

●編集協力
松丸 正（弁護士・過労死弁護団全国連絡会議代表幹事）

教師がブラック残業から賢く身を守る方法

2018年6月25日　初版発行

著　者——————西川《にしかわ》　純《じゅん》
発行者——————佐久間重嘉
発行所——————学 陽 書 房
〒102-0072　東京都千代田区飯田橋1-9-3
営業部——————TEL　03-3261-1111／FAX　03-5211-3300
編集部——————TEL　03-3261-1112
振替口座　00170-4-84240
http://www.gakuyo.co.jp/

ブックデザイン／スタジオダンク　　カバー写真／ © Masterfile/amanaimages
本文DTP制作／越海辰夫
印刷・製本／三省堂印刷

 ISBN 978-4-313-65362-7 C0037